俺たちの定年後

成毛 眞

ワニブックス
|PLUS|新書

はじめに

市販のカレンダーは捨てる、応援する企業を探す、町内会活動からはできるだけ遠ざかる、積ん読はおおいにすべき、100色セットの色鉛筆を買う、農業には手を出さない。

どれかにぴんときたならば、この本との相性はいい。

さて、2014年に、「55歳」が話題になったのを覚えている人はいるだろうか。

この国では、と大仰に構えるまでもなく、どんな国でも多かれ少なかれあるのが、世代間格差である。

昭和一桁世代、焼け跡世代、戦中生まれ世代、団塊の世代、しらけ世代、新人類世代、バブル世代、団塊ジュニア世代、ロスジェネ世代、ゆとり世代、さとり世代、ミレニアル世代などなど、世代は被《かぶ》ったり被らなかったりだが、自分の世代の「損」、前後の世代の「得」に注目したがるのは、どの世代も同じだろう。また、同世代にくくられていても、その中での内ゲバ的対立も必ずある。

列挙した世代のうち、とりわけ世代間格差が大きいのはしらけ世代だと私は思う。1950年生まれから1964年生まれまでという、15年もの幅が大きいからでもあるのだが、2014年時点で55歳だった人が、ここに含まれるからでもある。

そう、2014年に55歳が話題になったのは、年金と保険の受給額に関してだ。

年金は、よく知られているように、勤務先などによってその給付額が変わるが、それでも、この2014年時点での55歳を境に、収め得と収め損が明暗を分けるという、なんとなくみんなうすうす感づいていたことが、データと共に示されたのだ（『だまされないための年金・医療・介護入門』鈴木亘著。東洋経済新報社）。このときの55歳は、トントンではあるものの、最後の勝ち逃げ世代だったのだ。

そして2014年に55歳だった人は、この本が出版される2018年で59歳になっている。定年間近なのである。

定年は、65歳とする企業も多いが、大半は60歳だ。その後、再雇用される人もいないではないが、全員が定年前と同じように働けるわけではない。つまり、同じような生活ができるわけではない。生活自体を変える必要があるのだ。

私はしらけ世代ではあるが、2018年時点で59歳の人よりも少し年上だ。

そして、勤務先に通わなくなることを定年というのであれば、私は40歳代の頃から、定年後の生活を送っているようなものである。幸いにして、その定年後の生活で苦労をしたことがない。定年生活の「先輩」として、まもなく定年を迎える読者の参考になることも少しは言えるだろう。

私も属するしらけ世代の特徴のひとつは、主語が「オレ」「私」であることだ。同窓会などへ行っても、主語が「我々」「私たち」ひいては「日本」などという人はほとんどいない。自分にしか興味がないというと言い過ぎだが、独立心が旺盛。自主自立を重んじる世代なのだ。これは、何かと「我々」と言ってしまう団塊の世代とはかなり対照的だ。複数形を主語にするにしても、せいぜい「俺たち」が妥協点だ。このニュアンスの違いは、感じとってもらえるはずだ。

なので、会社での仕事の仕方もそうだったが、定年後の暮らし方も、団塊の世代のそれとはだいぶ違うはずなのだ。

私がこの本で書くことは、たとえば今40歳代の人の定年後の生活には、ほとんど参考にならないはずだ。しかし、人生100年と言われる時代、最後の勝ち逃げ世代である2018年時点での59歳とその前後の世代の人たちがそこそこ長い定年生活を楽しむ上では、いくらか参考になると思う。

家の中でこそいい服を着る、SNSのアカウントは匿名で作る、大河ドラマはBSで見る、近所に古本屋を探す、「昭和の学校」が気になる。

ここでもどれかにぴんときたならば、やはりこの本との相性はいい。

俺たちの定年後　目次

第3章　近所を歩けば次々と楽しみが見つかる……77

第5章 自分を拡張する10のツールを手に入れろ

第1章

60歳になったら、新しい人生を歩み出せ

「やりたくないこと」にけりがついたら、「やりたいこと」をやれ　～バーを開いた男の話～

嘘のようなホントの話である。

昔々あるところに、ひとりの男がいた。

学生時代は成績優秀で、かつ、志も高かったその男は、将来を考える時期を迎えたとき、航空会社に就職してパイロットになれたらいいなと考えた。

考えただけでなく、実際に航空会社の入社試験を受け、狭き門を突破し、パイロットになった。そして、北京・モスクワ・パリ・ニューヨーク、カイロ・ロンドン・イスタンブールと、「リゲイン」のテーマ（『勇気のしるし』）のように、または、北京・ベルリン・ダブリン・リベリアと、ＰＵＦＦＹの『アジアの純真』のように、空からあちこちの街を訪れた。

男は、パイロットになるという夢を叶えたのである。めでたし、めでたし。

では人生は終わらない。なぜなら、航空会社を定年退職し、パイロットでなくなってからも、その男の人生は続いたからだ。

そこで男は、就職前のときのように、次は何をするかを考えた。パイロットのように、人からうらやまれるような仕事をするか、収入が保証される仕事をするか、あちこちを旅するか、などなど、いろいろと考えた。

考えた結果、小さなバーをオープンさせた。

定年後にバーをオープンさせることに、単純に憧れる人もいる。自分の店を持ちたい、マスターと呼ばれたいといった夢を抱く人もいる。

しかしこの男は、単に話がしたかった。自分の店を訪れるような、親族でも同僚でもない、ほどよい距離感の人とたわいもない話をするのが、好きだったからだ。

その思いは、パイロットを目指した頃にも胸の中にあった。しかし男にはその頃、ほどよい距離感の人とたわいもない話をする仕事にたどり着く力がなかった。なので、それを後回しにして、とりあえず定年になるまでは航空会社社員として生きてきたのである。

バーの経営は、余生と言われる定年後の仕事でもあるし、また、航空会社勤務時代にそこそこ稼いでいたので、経済的にカツカツする必要がない。なので、余裕を持って店を開け、気が向かなければ休むといった具合に、実に自由にバーを経営している。

パイロットになることよりもむしろ、たわいのない話のできる環境を手に入れることこそがこの男の夢であり、それを、何十年か越しに叶えたということになる。

これぞ理想的な定年後の過ごし方だと私は思う。

どうせやるなら、極端にやれ　～作家になった男の話～

別の男の話もしたい。

これも昔々あるところに、ひとりの男がいた。

社会に出てからというもの、男は無趣味であったが、その妻は多趣味であった。多趣味が高じて、さまざまなカルチャーセンターに通ったり、NHKのEテレの趣味講座などを熱心に視聴したりして、その趣味の幅を広げていった。

無趣味の男は無趣味ながらも、妻の楽しむいくつもの趣味の中から「これはもしかすると自分にも合うかもしれない」と感じる、とある作品作り系の趣味を見つけ出した。ただし、自分ひとりではその分野の門を叩くことなど考えもしなかった。最も身近な存在である妻が楽しそうにしているから、それならば自分もひとつくらいやってみるかと思ったのである。

男が作務衣《さむえ》を着るようになったのは、それからしばらくしてのことだった。仕事にかまけてしばらくの間、忘れていたが、男は実は凝り性だったのである。仕事は早々に辞め、その趣味に没頭するようになった。

当然、初心者キットを使っての作品作りでは飽き足らなくなり、原材料にまでこだわるようになった。そして、自分で原材料を開発すると同時に、ギャラリーを借りて、自分の作品を並べ、個展を開くようにまでなった。もちろん、スポンサーなどいないから、予算はすべて自分持ちである。

しかし、それが男を満足させた。のみならず、「個展を開いた人」というハクをもたらした。

男の作品がルーブル美術館に並ぶまで、そう時間はかからなかった。

今度は、明らかにハクのための出品だった。知っている人はよく知っているが、ルーブル美術館には、ミロのヴィーナスやモナ・リザに代表される、歴史的価値のある美術品が多数、収蔵されている。

男の作品に、そうした価値が認められたわけではない。ルーブル美術館には、出展費用を支払えば作品を展示できる、貸し棚のような場所があるのだ。男はそこを利用したのである。

しかし、この貸し棚の存在は、知っている人は知っているが、知らない人は知らない。ゆえに、「ルーブルに作品が展示された」とだけ聞くと、反射的に「すごい」と思ってしまう。念のために言っておくが、これはSNSが発達し、さまざまな経歴などの詐称が暴かれる前の時代のことである。

結果としてその男は、作家と呼ばれるようになった。

今もどこかで、作家として活動を続けているという。今となっては、個展の開催もルーブルの一件も、過去のエピソードのひとつに過ぎない。

めでたし、めでたし。

生真面目な人は、ルーブル出展という実績を金で買ったのかと目尻を釣り上げるかもしれないが、しかし、実際に金を払い作品を運びそこに並べ、そうして実績を手に入れたのだから、その男はあっぱれと言うほかない。

たいていの人は、そういった貸し棚の存在を知っていて、そこに作品を並べればハクが付くとわかっていたところで、実行には移さないはずだ。

しかし、せっかく作品作りにいそしんでいるのだから、それを並べてみたい、それも誰もが知っている場所で、と考えるのは実に素直だし、そのアイデアを実行に移し、その後の人生に生かしたのだから、やはりあっぱれなのである。

「これは趣味だから」と小さくまとまろうとせず、大きく勝負に出るという生き方もあるのだ。

むしろ、その方が楽しいはずだ。特に、それまでの人生で、なんらかの理由で大きく勝負に出られなかった人にとっては、定年はいいチャンスだ。

定年後はわがままに生きろ　～目指すべきはあの男？～

紹介してきた2人の男は、一見、対照的に感じられる。

しかし、ある程度の年齢を重ね、自分の行き先が容易に想像できるようになった時期に、それまでとは違う人生を、自分の過去や身近に見つけ、そこへ針路を取ったという点では同じである。

定年という、それまでの生活習慣ががらりと変わるタイミングを控えた人たちが学ぶべきはこうした姿勢だと私は思う。

それまでの人生から仕事だけを取り除くのではなく、まったく別の人生を模索し、組み立て、挑戦するのが健やかな定年後にはうってつけだと考えているのだ。

また別の男の話もしたい。

戦後すぐに生まれたその男は、学生のうちから家業を手伝い、大学の卒業と前後して、父親の経営する会社に入社した。ほどなくして経営権を親から譲り受けたその男は、精力的に仕事をこなしていく。その一方で、メディアへの露出も重ねていた。男は、人から注目されるのが大好きだったのだ。

そして54歳になる年に、政治の世界に打って出ようと決心する。

この決心は志半ばにして潰《つい》えるのだが、男は諦めていなかった。

雌伏15年、いよいよ男は政治の世界に、今度こそ打って出る。そこそこあった知名度は、過激な発言や独得の風貌もあってあれよあれよという間に上昇し、まさかまさかの快進撃を見せ、ついにはアメリカの大統領になってしまった。

それまでの人生でたったの一度も、政治も軍も経験していないのに、前例を堂々と破ってしまったのだ。

その男の名を、ドナルド・トランプという。

トランプの思いつきに巻き込まれ、迷惑を被《こうむ》っている人にしてみれば、この男の意志の強さと行動力は、たまったものではないだろう。

しかし視点を変えて、トランプの立場に立ってみたならばどうだろうか。

幼いうちから言われていた通りに家業を継ぎ、周りに色々と言われながら、また失敗もしながらも業務を拡大し、そのうちに自分のやりたいことにも手を出して、ついにはその世界でトップに立ってしまった。痛快と言うほかないだろう。

そしてその痛快度は、それまでの人生で、外圧に応えるために規律を守り納期を守り、手間を減らしコストを減らしてきた人こそ高い。

そうした人生を私は否定するつもりはない。そうした勤勉な人たちのおかげで現代社会は成り立っている。

ただ、ひとりの人間が一生、誰かの役に立つために生き続けなくてはならないわけではないとも思っている。真面目に生きてきた人ほど、定年後はわがままに生きるべきだ。

わがままになるには、子どもに戻れ

人は若いうちに社会人として生きることを強いられる。

その過程では「人に迷惑をかけるな」「わがままは通用しない」などと関係各方面から、ときにはっきり、ときにやんわりと言われる。

それに対して「は？」と疑問を感じ、自分を貫いてきた人に教えることは私にはない。

しかし、言われたとおりに迷惑をかけず、わがままにならないように生きてきた人には、定年を機に、ぜひともそうした呪縛から逃れてもらいたいと思っている。

定年後の暮らしというと、日の当たる縁側でお茶を飲んだり、孫の成長に目を細めたりといった画《え》がどうしても浮かぶ。それが、定年後にどうしてもしたいことであれば、すればいいと私は思う。

しかし、定年後とはこういうものだという思い込みがそうさせているのであれば、実にもったいないことである。

60歳で定年を迎えたとしよう。人生100年と言われるこのご時世、残り時間は40年もある。住宅ローン返済期間と同じくらいの時間、生まれたばかりの子どもが中堅と呼ばれるような大人になるまでの時間を、いかにも余生と言わんばかりの過ごし方をしていいものだろうか。

それではあまりにもったいない。

なので、定年後は、単に仕事を手放し、その結果として時間をもてあますのでなく、新たな何かを手に入れ「ああ、これもやりたいのに時間が足りない」と嬉しい悲鳴を上げながら過ごすべきだ。

では、新たに何を手に入れるべきか。

答えは、「好きなこと」である。

本当に蕎麦打ちが好きならば、蕎麦を打てばいいし、本当に陶芸が好きならば、ろくろを回せばいい。本当にコーヒーが好きならばハンドドリップすればいいし、本当にカレーが好きならばいくらでもタマネギを刻めばいい。

しかし、なんとなくみんながそうしているからとか、イマドキそれが流行りのようだからとか、そういった理由でそうした道あるいは〝沼〟に入り込んでしまうのは、これもまたもったいない。

なぜなら、定年後の時間には限りがあるからだ。先ほどの言い分と矛盾しているようだが、していない。詳しくは後で書く。

とにかく、やるなら好きなことに限る。

これまでに何度も「明日会社が休みだったら」と思ったことがあるはずだ。

なぜ「休みだったら」と思ったのかというと、出社などせず、やりたいことがあったからだ。それがダラダラ寝ることでも、録り溜めたドラマを一日中見続けることでも、好きなマンガを1巻から読み返すことでも、なんでも、明日は会社がない身分になったのだから、どんどんやるべきだ。

しかしながら、こうしたことを一通り終えてしまうと、あとは好きなことをしなさいといきなり言われても困る人が大半だと思う。長く険しい社会人人生を歩むうちに、好きなことをやるとはどんなことだったか、作法を忘れてしまっている人が少なくないからだ。

けれども誰にも子ども時代があった。これは、好き勝手をやっていた時代があったということだ。

子どもはいくつものおもちゃ、たくさんの遊びからこれというものを選んで、遊ぶ。「偏らないように満遍なく遊ぼう」とか「室内の遊びと室外の遊びのバランスを取ろう」とか「コストパフォーマンスのいい遊びをしよう」などという後知恵は、本能の赴くまま遊んでいた時代を過ぎてからのものである。

したがって、そうした後知恵をインストールする前の脳に戻れば、好きなものと再会できるはずだ。

後知恵以前の脳に戻るには、ひとまず自分を、本能の赴くまま遊んでいた頃の環境に置くことだ。

「子ども時代の脳」の取り戻し方

好きなもの、好きなことを思い出すため、自分を子ども時代の環境に置くためには、3つの方法がある。

(1) 自分が子どもの頃の持ちものを目にする

進学や就職などで実家を離れた人の中には、実家の自室に子ども時代の持ちものを放置している人もいるだろう。自室の押し入れは開かずの間になっているケースもあるはずだ。

そこへは、わざわざ時間を作っていく価値がある。

なぜなら、そこにこそすっかり忘れてしまっている当時の自分の関心事が詰まっているからだ。

おもちゃを見れば、自分がどんな遊びを好きだったかが思い出せるだけではなく、具体的な思い出も蘇《よみがえ》る。たとえば、友だちの持っていたものをうらやましいと感じたとか、お年玉を貯めて買おうとしたものがあったとか、そういった類いのことだ。

そこで、スマホの出番である。欲しかったおもちゃが今も売られているかどうか、Ａｍａｚｏｎなどで検索してみるといい。そのものズバリではなくても、似たようなもの、もっといいものが見つかるはずだ。見つけたら、価格をチェックする。子ども時代の自分には買えない、しかし、今の自分になら余裕で買える価格がついているはずだ。それを買わない理由など何ひとつない。

(2)　子どもの頃の本棚を見る

持ちものの中でも、本棚は特に持ち主の嗜好が反映されるものだ。そこに並んでいる本は、当時の自分の興味そのものだ。したがってそこに大きなヒントがある。

子どもには客観的視点が存在しないので、みんながみんな、自分と同じ関心事を抱いていると信じている。昆虫好きの子どもは、この世に虫嫌いがいるとは思っていない。鉄道好きの子どもは、誰もが鉄道好きだと信じて疑わない。

しかし大人になる過程で書店や図書館で客観的視点で構築された本棚を見続けると、自分の本棚と世の中の本棚には隔たりがあることに、知らず知らずのうちに気づき、立派な社会人の本棚とはそういうものだと思い込む。「読まねばなるまい」と、好きでもない分野の本に手を出すことも出てくる。

そうした経験をしてから見る子どもの頃の本棚は、あまりに赤裸々であるはずだ。そこに自分の好きだったものを見つけるのだ。

(3) 子どもの頃の写真を見る

実家に自室はない、本棚もないという人も、落胆することはない。アルバムくらいはあるだろう。

そのアルバムにも、自分の好きなものが随所にちりばめられている。持っているもの、服装、写り込んでいる背景に、好きだったもののヒントがある。それも、集合写真のような記念写真ではなく、何気なく撮ったスナップ写真に、ヒントがあることが多い。記録しようという意図なく記録されたものに、すっかり忘れていた興味の記憶が呼び覚まされるのだ。

なので、これは少し余談になるが、今現在、子育て中の人は、子どもを被写体に芸術作品のような写真を撮るのも結構だが、親からすると理解できないようなセンスのお気に入りのおもちゃや服と一緒の写真を撮り、それをスマホに入れっぱなしにせず、アクセスしやすい形でまとめて残しておくといい。

いつか子どもが定年したときに、そこに自分の好きなものを見つけ出せるからだ。きっと感謝される。

自分探しはもう終わっている

自分の好きなものを見つけるなら、子どもの頃の持ちもの・本棚・写真にあたる。これはすなわち、自分の過去に自分の好きなもの、好きだったものを尋ねるという行為だ。

昔を振り返ってばかりでいいのかと思うかもしれないが、その発想がそもそも社会人的だ。新しい市場を探せ、新しいサービスを生み出せ、未来志向だ、イノベーションこそが生き残りのカギだと思い込まされてきた人ほど、〝新しく〟好きなものを探さなくてはならないと考えてしまう。

しかし、定年したら、極端に、無理に未来志向になる必要はない。

もしも未来に人一倍関心を持っているならそれはそれで素敵な定年人生を送れるはずだが、未来的でないとならないのではという強迫観念に襲われているのなら、そんなものは捨てるべきだ。

定年を迎えるような人たちは、すでに自分探しは終えている。

自分にはどういったものが向いていないかは、もう十分にわかっている。

それなのに今から新たに自分探しの旅に出るのは、過去の自分に対する冒涜《ぼうとく》だ。しなくてはならない仕事ではないのだから、嫌いだったもの、関心のなかったものに、無理に目を向ける必要はない。好きで、関心があったけれど、諸事情によってそれから離れざるを得なかったものに、再び歩み寄ればいいだけだ。

ただし例外もある。

それは、子どもの頃にはなかったものとの出会いだ。

80歳代の女性プログラマーの話を聞いたことがあるだろう。

若宮正子さんは80歳代になってからプログラミングを学び、iPhoneアプリを開発し話題となっている女性だ。いくつになってもチャレンジできるということの象徴として、国連で演説をするまでに注目されている。

若宮さんの場合は、当然のことながら、子どもの頃に好きだったプログラミングを再開したわけではない。80年前はまだ戦前だから、日本の子どもにはプログラミングに接するチャンスはなかった。

その若宮さんは、大人になってから、子どもの頃にはなかったプログラミングと出会い、それにハマった。

おそらく若宮さんが小学生の頃にプログラミング教育が必修化されていたら、彼女はいい成績を収めていたことだろう。

しかしそうした社会状況になかったので、年を取ってから、プログラミングに出会った。つまり、プログラミングを苦手に感じていたとか、嫌いだったとかいう過去がない。

こうした出会いならば、大歓迎だ。

巷《ちまた》で話題の70歳代の女性人気ＹｏｕＴｕｂｅｒ、90歳代の女性人気自撮りカメラマンについても同様。若い頃にはなかったものに出会い、興味を持ってやってみて、それを続けてみたところ、その世界のスターになってしまったのだ。

私は、子どもにはいくつもの習い事をさせるのが理にかなっていると思っている。なんでもやらせて、興味がないとか向いていないといったことがわかれば、すぐにやめる。そしてその時間を、ほかの新しい習い事に使う。そうしていると、やがて自分にぴったりの習い事、言い換えれば一生の趣味が見つかるからだ。

しかし定年を過ぎてからそれをやっていては、時間が足りない。残りが40年あると言っても、90年残っている人に比べれば、圧倒的に短いのだ。

なので、定年を迎えた人に、子どものように手当たり次第に習い事をしろとは私は言いたくない。それは大海に眠る財宝を探し当てるような行為だ。

やはりここでも、子どもの頃にこれが身近にあったら、自分はどんな風に遊んだだろうかという発想は必要だ。それが、いい歳になってからの大航海のような自分探しという無駄を回避してくれる。

奥さんという素晴らしいフィルター

特に嫌な思い出のないものごとの中から、どうやってハマれるものに出会うのか。そのひとつの方法が、子どもの頃の自分はそれにハマりそうかどうかを想像することだが、もうひとつ、精度の高いやり方がある。それは、配偶者、この本の読者を男性と仮定すると、奥さんがハマっているものを真似ることだ。

私は女性差別をするつもりはないし、今の若い夫婦にこの考え方が当てはまるかどうかはわからない。

しかし、まだまだ男は外で仕事、女は家のことという考え方が主流だった頃を生きてきた世代には、収入を得るのは男の仕事、家事や育児は女の仕事という分担をしてきた夫婦が多いのは事実だ。

そうした夫婦の夫が定年を迎えると、それまでは寝るためだけに帰っていた家に、夫がずっといるようになるという劇的変化が生じる。その影響が大きいから、熟年離婚などが取り沙汰されるのだろうとは思うが、ここで言いたいのはそういったことではない。

妻には、夫が会社に行っている間に時間をかけて作りあげてきた生活のリズムがある。家事や育児やあらゆることは、そのリズムに合わせて進められていくのだが、そこには当然、趣味もある。

自己流や、カルチャースクールのようなところで学んだことを、コツコツと楽しんでいることがあるのだ。また、同じような立場の友だちと、日帰り旅行などに出かけることもある。

これは、夫の定年前から、定年後も続けられる趣味を見つけているということだ。

したがって、定年後のやりたいこと探しに関しては、妻が夫の先を行っているのである。男性陣は、この事実から目を背けてはならない。むしろ、ありがたく思うべきだ。

長年、生活を共にしてきたパートナーが好んでいるものなのだから、その娯楽とは、自分とも相性がいい可能性が高い。考えようによっては、わざわざ、自分に向きそうなものを前もって選んでおいてくれたと言えなくもない。その対象が、子どもの頃にまったく視界に入っていなかったようなものやことなら、なおさらだ。

なので、奥さんが自分には〝よくわからない〟趣味を持っていたとしたら、それは歓迎すべきだし、大いに真似をするべきだ。

もしかすると、２人で楽しめるようになるかもしれない。夫婦間にこうした新たな関係を築くことも、定年後の人生のクオリティ・オブ・ライフを大きく左右する。

それでも「自分探し」をしたいなら、「自分の使い道」を探す

定年後、あるいは定年直前からの自分探しは、時間切れで終わる可能性が極めて高い。もしもそれでも、今までとは違う自分を知りたいという欲求を抑えきれないなら、自分の好きなものを探そうとするのではなく、自分に向いたものを探した方がいい。繰り返しになるが、定年退職者とは、すでに自分を探し終えており、その探した自分にすで

になった人のことを指すのだ。

なので、やはりヒントは過去にある。これまでの人生で自分は何に時間を費やし、どんなスキルを身につけてきたのかを、冷静沈着、かつ、客観的に見つめ直すべきだ。

そうやって己を顧みても、同期として入社し、同じ時期に定年退職した同僚との違いは、さほどは見出《みいだ》せないかもしれない。しかし、全国にいる100万人以上の同級生にまで比較の対象を広げると、自分らしさというものが見えてくる。

会社から去るということは、会社というサブカテゴリーから外れるということだ。その事実はときとして人を不安にするが、一方で、自由にもする。製鉄会社に勤めていた人にとっては、周りにいるのは鉄に詳しい人ばかりだっただろう。しかし、そのサブカテゴリーの外にも目を向けてみると、鉄に詳しいというのは、非常にレアなキャラクターだ。

これはもちろん、鉄に関する知識に限ったことではない。営業経験も経理経験も、地方への転勤経験も、合併経験も転職経験も、所属していた部署がお取りつぶしになった経験も新規部署の立ち上げに関わった経験も、すべて、自分にとっては避けがたい、仕方なく受け入れた出来事かもしれないが、そうした出来事の積み重ねが、唯一無二の自分につながっている。

これが、自分探しはとっくに済んでいると私が断言する根拠である。

なので、こうした唯一無二の自分を作った過去を、まるで他人の伝記を読むように振り返ってみると、「こういう人は、これからはこういうことをしたらいいんじゃないの?」と、どこか適当に、どこか投げやりに、しかし、案外と的を射た、自分の使い道とでもいうべきアイデアが浮かんでくるものだ。浮かんできたら、めっけもの。やってみるだけだ。

第1章を読んだらやってみよう

●「明日会社が休みなら」やってみたかったことを3つ書き出そう

「　　　　　　　　　　　　　　　　」
「　　　　　　　　　　　　　　　　」
「　　　　　　　　　　　　　　　　」

●子どもの頃に好きだったものを3つ書き出そう

「　　　　　　　　　　　　　　　　」
「　　　　　　　　　　　　　　　　」
「　　　　　　　　　　　　　　　　」

●自分は何のスペシャリストなのか、特徴を3つ書き出そう

「　　　　　　　　　　　　　　　　」
「　　　　　　　　　　　　　　　　」
「　　　　　　　　　　　　　　　　」

●配偶者が今、何に興味を持っているか、3つ書き出そう

「　　　　　　　　　　　　　　　　」
「　　　　　　　　　　　　　　　　」
「　　　　　　　　　　　　　　　　」

第2章　定年したら、サラリーマン的生活は捨てろ

仕事のための生活習慣はすべて捨てろ

会社勤めをしていると、好む好まざるにかかわらず、また、意識してか無意識のうちにかは問わず、生活は会社中心になっていく。

たとえば、朝は遅刻しないようにアラームをセットし、それに起こされる、仕事が終わらなければ残業する、休暇は仕事が忙しすぎないときに取る、休んだり遊んだりは土日、飲みに行くのも木曜か金曜で、月曜火曜は早帰りを心がけるといった具合だ。

なかには、仕事に必要な資格を取った、転勤をした、通勤に便利な場所や駅の近くに家を買ったなどという経験のある人もいるだろう。これらもすべて、仕事のためにと選択し、生活を変えた例である。会社員経験者はまず、これらのことに自覚的にならなくてはならない。

というのも、こうした呪縛からの脱却こそが、定年後の人生に必要なことだからだ。いつまでもここにこだわっていると、妙な空虚感を味わったり、「することがない」などと勘違いしたりしかねない。そう感じてしまうのは、それまでの仕事中心の生活から仕事を取り除いた当然の結果だ。

学生という身分を卒業し、社会人になったときには、それまでの習慣や言葉遣い、服装や住まい、そして何より、気持ちを切り替えたはずだ。それと同等の大転換が、定年にあたっては欠かせない。

ただ会社に行かなくなっただけで、定年後の生活を始められたとは言えない。自覚的にスタートを切る必要がある。それが、定年後の暮らしを自主的にコントロールする、最大で唯一の秘訣である。

長い時間をかけて、仕事のために身につけてきた生活習慣はここで一度リセットし、定年後の生活にふさわしいそれを再構築するべきだ。

会社員時代の思考パターンは破壊せよ

30年以上にわたる会社員生活によって培われた思考は、想像以上に深部にまで染みついてしまっている。

たとえば、評価主義がそうだ。

これは会社員時代以前の学生時代から連綿と続く競争社会の中心にある価値基準で、最も高い成果を出せる者が最も偉いというものだ。最も利益を出せる者が、最も点数を取れる者が偉いというわけだ。

しかし、これは会社や学校という特殊な環境での価値基準である。そうした特殊な環境の外では、成果を出そうが出すまいが、誰からも評価されるものではない。

そもそも成果とは何かという話にもなる。私生活での成果とは何か？　これを考え出すと深淵を覗いたり覗かれたりしそうだが、とにかく、誰かと競おうとか、より良いスコアを出そうとか考えないことだ。そうした考えにとらわれそうになったら、会社員時代の洗脳の強さにおののいてもらいたい。

スピード主義もそうである。

企業社会では、「巧遅は拙速に及ばず」という言葉が重宝される。時間をかけて素晴らしいものを作るより、完成度は低くても素早く作って世に問うて、フィードバックを得て、それによって完成度を高めるべきという考え方だ。これが行きすぎると、あらゆる場面で〝巧速〟が求められるようになって窮屈になる。

定年後の生活は、〝拙遅〟でいい。なぜなら、ゆっくりで拙いと、日々、上達を実感できるからだ。60歳を超えて、フィジカル面では下降曲線を描くようになってもなお、何かしらの面で昨日より、先月より、去年より上達し、成長を実感できるのはこのうえない喜びだ。

定年後は一気に限界まで成長するのではなく、弱火で煮物を煮込むように、静かにアクセルを踏み続けるように、ローカル線で旅するように、じわじわと良い方向へ変化するのが望ましい。

そうすることで、やはりじわじわと変化していくフィジカルとのバランスも取りやすくなる。強火、ふかし、新幹線は、若者に任せておけばいい。

ただし、染みついた思考パターンは、なかなか上書きできない。こうすべきだと一度は思っても、つい、慣れ親しんだ思考に陥ってしまう。

そこで、環境を変える。

よくビジネス書などに「思考が変われば行動が変わり、行動が変われば習慣が変わり、習慣が変われば人生が変わる」などと書かれているが、これもまさに会社員的考え方だ。実際のところは「環境が変われば行動が変わり、行動が変われば習慣が変わり、習慣が変われば思考が変わる――」だろう。

試しに、今この本を読んでいる場所を別の場所へ移してみてほしい。座り心地や見える風景が変われば、頭に思い浮かぶことも変わるはずだ。

思考を変えるには、環境を変え、行動を変えるのがいい。

定年後の1週間は金曜日に始める　〜曜日感覚を見直す〜

1週間は、厳密には日曜日に始まるが、月曜に始まると考えた方が実態に近いという人は少なくないだろう。

何のことはない、会社が月曜に始まるからだ。日曜の夕方に「サザエさんシンドローム」に陥るのも、月曜の朝に電車の遅れにイライラしがちなのも、仕事が月曜に始まり、金曜一杯で終わり、貴重な休みは土日の2日間。そう決まっていて、それに則《のっと》って生活してきたからだ。

理髪店で働いて生計を立ててきた人にとっては、休みは月曜であることが多いだろう。1994年に大規模小売店舗法が変わるまでは、百貨店も平日のどこかが定休日だったので、百貨店で仕事をしてきた人にとっては、その日が週末のように感じられたことだろう。

週末をいつなのかを決めるのは、仕事次第なのである。

ということは、仕事を手放してからの人生では、いつが週末でも構わないということになる。

会社員時代の癖のまま、週末を土日のままにしておくのでもいいとは思うが、そうでなくてはならない理由はないのだから、変えてもいいし、むしろ、変えるべきである。

私が提案するのは、金曜を1週間の始まりとするものだ。

そして、水木を週末すなわち休みや遊びにあてる日とする。もちろん、それ以外の日に休もうが遊ぼうが自由なのだが、会社員として働いている人と休みの日をずらすだけで、かなり生活は快適になる。

週末だからと混んだ街や観光地、店に出かけなくてよくなるからだ。
平日に有給休暇を取って街を歩いたことのある人ならわかるだろう。オフィス街は別として、平日の繁華街は空《す》いている。土日のオフィス街や官庁街ほどではないが、それでも、人が少ない。

家電量販店や百貨店も空いているので、店の人に相談しながらものを買いたいなら、わざわざ混んでいる土日に出かけていくのではなく、平日の、会社員なら間違いなく仕事をしている時間帯を選んで行くべきだ。

ETCにも平日割引があるし、映画やカラオケ、スーパー銭湯など、平日にお得な価格を設定している娯楽施設もある。街へ出るなら、平日に限るのだ。
とはいえ習慣とは怖いもので、つい、ちょっとした買い物は週末にと思ってしまいがちだ。

そこでカレンダーである。
世の中のカレンダーはすべてが会社員仕様になっている。手帳などの週は月曜から始まり土日で終わるか、平日をささやかに日曜と土曜で挟むか、どちらかになっている。

会社員でなくなった人は、そうしたカレンダーにはさっさと見切りをつけ、金曜始まりのカレンダーや手帳を使うべきだ。

ただ、残念ながらそのようなカレンダーや手帳は、私の探した範囲では見つからなかった。「無印良品」に、日付を自分で書き込むタイプの手帳はあったが、曜日は印刷されてしまっていた。

なので、定年後の生活を堪能したければ、まずは金曜始まりのカレンダーを、会社員時代に培ったエクセルの能力をフルに発揮して作るところから始めてもいいのではないか。

また、手帳に関しては、「ほぼ日」などに商品化をぜひともお願いしたい。

大河ドラマはBSで見る　～時間感覚を見直す～

2018年は『西郷《せご》どん』だったNHKの大河ドラマは、よほどのことがない限り、地上波では日曜夜20時から放送される。

これを週末の楽しみにしている人は、思いのほか多いと私はふんでいる。なんだかんだと言われても、視聴率が10%を切ることはないし、その年の大河のテーマが何なのかを知らない人も、あまりいない。

もしも、これまで大河ドラマを見る習慣がなかったなら、この際、視聴を始めてみるのもいいと思う。なぜならば、先ほども書いたように、必ず日曜20時に始まるからだ。会社に行かなくなると、曜日感覚を失う。それはそれで悪いことではないが、うっかり約束を忘れてしまうなど、会社員時代には思いもしなかったトラブルにつながることもある。

そこで、曜日のマーキングのために、大河視聴を薦めたいのだ。海上自衛隊の船乗りたちが、金曜日にカレーを食べるのと同じ工夫を取り入れるのである。

しかも、地上波の20時からの放送ではなく、ＢＳの18時からの放送の視聴を強くおすすめする。

その目的は、早く寝るためだ。なぜ早く寝る必要があるのかというと、早く起きるためである。政府にサマータイムどうこうを言われるまでもなく、自主的に世の中に時差をつけるのだ。

なぜ早く起きるかというと、これもまた、早く起きた方が得だからだ。

ゴルフ好きなら「アーリーバード」、早朝割引の存在は知っているはずだ。先述したがETCにも朝割がある。映画にもボウリングにもある。東海道新幹線にも「IC早特タイプ21」という商品がある。ホテルのブッフェなども、ランチタイムよりモーニングの方が断然安いし、何より、空いている。

一方、夜遅くまで起きていて何かいいことがあるかというと、そうでもない。タクシーなどは深夜料金で割り増しになって、どちらかというと出費がかさむ。

その点、生活時間を会社員時代に比べて2時間前倒しにすると、夕方のお楽しみでもいいことがある。

ハッピーアワーだ。

19時前に入店するとビールなどのアルコール類が少し、いや、だいぶ安くなるこの仕組みを取り入れている居酒屋などは案外と多い。これまで、飲み会と言えば19時スタートが当たり前だったなら、これもまた2時間前の17時からにすると、空いた店内で安く飲める。素晴らしい制度である。

ちなみに、お得お得と繰り返すのには当然、わけがあって、金の使い道はもっとほかにあるからだ。

ただし、2時間早く飲み始めて、終わりが会社員時代と同じでは確実に体を壊すので、終わりも2時間は早くする。何のためかというと、これも早く寝るためだ。

大河ドラマが苦手なら、『笑点』という手もある。この場合はBSの大河よりも放送時間が早いので、もっと生活を前倒しできる。

きっと、会社員のときと定年してからとでは、『笑点』の見え方がまったく異なるはずだ。明日から仕事かと思って見るのと、まだ今週も半ばかと思って見るのとでは、ここまで違うのかというくらい違う。この差はぜひ、体験してほしい。

さて、2019年の大河ドラマは『いだてん~東京オリムピック噺~』だ。脚本はあの『あまちゃん』の宮藤官九郎、主演は中村勘九郎と阿部サダヲ。古今亭志ん生をビートたけしが演じるというのも実に楽しみだ。私は18時から見る。そうでなければ、録画で見る。

録画・ネット配信を駆使する ～テレビの役割を見直す～

大河ドラマを日曜の18時から見るのは、早起きのためでもあるし、それが1週間のほどよいアクセントになるからだ。

しかし、ほかに時間的アクセントとなる習慣があるのなら、日曜18時にこだわる必要はない。それよりも、録画をしておいて見たいときに見る方がいい。ドラマは気象情報や開票速報など、ライブ感覚が重要なコンテンツではないので、放送する側ではなく、見る側の都合で見るのが一番だ。

特に、仕事をしなくなったのだから、テレビは仕事のための情報収集ツールではなく、面白いコンテンツをいつでも好きなときに再生できるモニターとして捉え直すべきだ。

そのためには、全録機能のあるハードディスクレコーダーを導入すべきだ。具体的にどんな機器を選ぶべきかは後の章で詳しく書くが、そもそもハードディスクレコーダーを未導入の家庭はすぐさま買い求めるべきだし、買うならば、放っておいてもすべての番組を自動的に録画してくれる、全録機能を持ったものを買うべきだ。

ＳＮＳが発達した今、放送中にバズり始めて盛り上がり、ツイッターのトレンドなどにもその番組名や登場人物が登場し、多くの人がその存在を知ることになったときにはすでに放送終了間際、ということも増えている。

それだけ話題になった番組であれば再放送も期待できなくはないが、それを待つよりも、自宅のリビングに録画されている番組を再生した方が、ずっとストレスが少ない。

また、録画以外でもテレビで楽しめるコンテンツがある。

昨今、流行の配信動画だ。

私のイチオシは「Ｎｅｔｆｌｉｘ（ネットフリックス）」である。海外ドラマに面白いものを多く揃えている。いくらお金をかけて作っているのかとクラクラするような番組も多い。

アメリカのドラマもかなりハマれる。聖書や神話を下敷きにしたものが多いからだ。歌舞伎を知っているとそれを下敷きにした落語を楽しめるのと同様に、この手の教養があると、日本のドラマよりもアメリカのドラマを面白く感じるだろう。

いきなり「Ｎｅｔｆｌｉｘ」にためらいがあるのなら、「Ａｍａｚｏｎプライム」がいいだろう。

「Ａｍａｚｏｎプライム」はネット通販のアマゾンの付帯的サービスで、映画やドラマの配信サービスを受けられるだけでなく、音楽の配信も受けられるし、翌日配達も指定できる。

なので、動画を一切見ない人にもおすすめのサービスだ。いつも何かしらをＡｍａｚｏｎで買っている人、重いものなどをＡｍａｚｏｎで買う人には、プライムに入らない理由がない。

しかも、今のところ、寅さんシリーズや釣りバカシリーズなど、なつかしい映画が多い。こうした昔の映画を見るとどこかホッとする。つけっぱなしにしておいたテレビがいつの間にか昔の映画を放送し始めて、それがなんだか心地よいのと似ている。古い映画を見るのに遠慮は要らない。見たければ自由に見ればいい。なお、「Ａｍａｚｏｎプライム」で映像を見るには、「Ｆｉｒｅ ＴＶ」などのデバイスとＷｉ-Ｆｉ環境が必要だ。「Ｎｅｔｆｌｉｘ」も「Ａｍａｚｏｎプライム」の動画配信も、ネット経由のサービスなので、加入するなら自宅のネット環境を見直す必要がある。

もしも見直しがまだなら、速い回線に変え、今すぐＷｉ－Ｆｉを導入すべきだ。高速回線とＷｉ－Ｆｉは、スマホにも必須の環境でもある。

スマホを買う　～ネットとの距離感を変える～

総務省の調査によると、もはやスマホは固定電話やパソコン並みに普及している。２０１６年の保有率を見ると、パソコンが73・０％、固定電話が72・２％、スマホが71・８％である。おそらく、若い世代では、前の２つについての数字はより低く、スマホに関してはより高くなると思うのだがそれはさておき、スマホもすっかり世に浸透したことは確かだ。

スマホの個人保有率を見てみると、２０１６年では全体で56・８％。年代別を見ると、明らかに数字を押し上げているのは若い世代で、20代が94・２％、30代が90・４％で、それに続くのは10代の81・４％である。

一方、平均を押し下げているのは60代、70代、80代以上。60代は33・４％とおよそ3

人に1人で、70代は13・1%とおよそ8人に1人の割合だ。80代以上だと3・3%で、こうなると100人に3人の、スマホを使う80代に会って話を聞いてみたくなる。

このデータから言えるのは、50代までの現役会社員世代と、60代以上の定年後世代との間に、大きな開きがあるということだ。

この差は、スマホでは使えても携帯電話では使えないサービスが増える一方のこの時代、ますます拡大していくことは間違いがない。

仕事なら、メールはパソコンで、通話は携帯でという前時代的な使い方をしていても周りが「仕方ないな」と合わせてくれたが、新しいサービスはそうした忖度《そんたく》はしてくれない。自分から合わせていくしかない。

なので、まだスマホを使っていないなら、即座に買い換えるべきだし、それと同時に、自宅でスマホをストレスなく使えるように、ネット環境も整えるべきなのだ。

なにゆえ私がこれほどまでにスマホを推すのかというと、スマホは定年後の社会との窓になるからだ。

スマホは携帯電話に置き換わる存在だが、その主な用途は通話ではない。

まず、スマホとは「情報収集ツール」である。

どのような情報を収集するかは、使い方次第だ。無料のニュースアプリやサイトも数多くあるが、数が多すぎる。眺めていたらあっという間にバッテリーが減り時間も経ってしまう。なので、情報収集源は有料アプリやサイトに限るのがいいと私は思う。有料だから無駄にしないし、数に限りがあるので切りもつけやすい。

今のところ、おすすめは日本経済新聞電子版と「さよなら、おっさん」のコピーで物議を醸した「ＮｅｗｓＰｉｃｋｓ（ニューズピックス）」だ。日経電子版は有料、「ＮｅｗｓＰｉｃｋｓ」も有料版があるが、私はこれらのサービスには金を払うべきだと思う。なぜなら、有料ニュースは優良だからだ。埋め草のような内容のない記事、どこかで見たようなコピペのような記事、悪意だけが満ちた記事が少ないからだ。ネット上の情報に金を払うということは、有能なフィルターを手に入れるということだ。

なお、紙の新聞はもう、購読する必要はない。場所を取るし、回収に出すのも一苦労だからだ。

スマホは使う人を「拡張するツール」でもある。

スマホがあれば、それまでできなかった事ができるようになったり、できていた事をより早く正確にできるようになったりする。視力のわるい人にとってのメガネ、足の不自由な人にとっての杖のような役割を、すべての人に対して果たすのがスマホなのだ。

たとえば、「PeakFinder（ピークファインダー）」というアプリを入れてスマホを掲げると、その方角に見えている山、見えるはずの山の名前を知ることができる。「Marine Traffic（マリントラフィック）」というアプリでは、見えている船の名前や船籍がわかるし、どこから来てどこへ行くのかもわかる。「Flightradar24（フライトレーダー24）」というアプリを使うと、どの飛行機がどの場所にいるのかが、ほぼ、リアルタイムでわかる。

これまではわからなくても当たり前、わからなくても仕方なかったことが、アプリひとつでその場でわかるのだ。まるで魔法の眼鏡を手に入れたような気分にならないだろうか。

こうしたツールを使っている人といない人とでは、目に入る何気ない風景もまったく異なって見えるはずだ。視点を多様化するには、スマホが便利なのである。

しかも、わざわざパソコンの前に座らなくても、ソファに寝転がった状態でも、外出先でも気軽に使える。これらのアプリが入ったスマホを持ち歩くことは、賢すぎるガイドを連れて歩くようなもので、たいへん便利である。

また、スマホにはカメラが付いているので、写真を撮れることは誰でも知っていると思う。

しかも、ただの写真ばかりではない。

「ネオンカメラ」というアプリを使えばネオン加工したような写真が撮れるし、「ウォーターログ」というアプリを使えば、撮った写真をすぐさま水彩画風に変えることができる。「Everfilter（エバーフィルター）」も「ＣｏｌｏｒＳｐｌａｓｈ（カラースプラッシュ）」も、何気なく撮ったスナップをまるで広告写真のように変える力を持っている。

経験者ならわかると思うが、かつてはパソコンでこうした加工をしようとすると、デザイナー御用達のお高いソフトを買う必要があったが、今、スマホを使えばタダだったりワンコインで済んだりする。いい時代になったものだ。

だから、どんどん使うといい。写真の撮り方が変わるし、楽しみが増える。

なお、私が使っているのはｉＰｈｏｎｅなので、ここで紹介したアプリはすべてｉＰｈｏｎｅで使えるものばかりなのをお断りしておく。

社会に興味を持ち続ける　～ネット証券会社の口座を作る～

スマホは定年後の社会との窓になるが、もちろん、パソコンにもその役割を担わせることができる。

企業では、制作用途にはパソコン、閲覧用途にはスマホ、という使い分けをすることが多いが、家にいるとなると制作することはほとんどないし、スマホだけあればいいような気にもなる。

しかしパソコンを、使う場所を限定したネット端末だと捉えると、ひとつの可能性が浮上する。ネット証券の端末としての可能性だ。

証券取引法の改正を受けて、ネット証券会社が誕生し、既存の証券会社がオンラインサービスを始めたのは１９９８年のことだ。もう20年も経っているので、ネット証券とは何かという説明は今さら必要ないだろう。

ただし、これだけ身近になったにもかかわらず、株とは距離を置いている人も少なくないのが現状だ。株は損をする、怖い、面倒、いろいろと理由はあるだろう。

どれもその通りで、利益が保証されている株などないので損をすることもあるし、デイトレードをしようとなると、一日中パソコンに張り付いて少しでもタイミングを逃すまいとするだろう。

しかし、もっと気楽に考えていい。

株では絶対に儲けなくてはいけないわけではない。誤解を恐れずに言うならば、参加者がたくさんいるオンラインゲームのようなものだと思えばいいのだ。

このゲームは非常によくできていて、世の中の動きを敏感に反映する。自分の直感が合っていたか外れていたかがリアルに試せるし、ときには予想もしなかった激動に翻弄されることもある。それもこれも、ゲームと思えばこんなに楽しいことはない。

株は100万円でずっと遊べる大規模ゲーム

ネットトレードの目的を、儲けることから楽しむことにシフトすれば、これはスリリングな大規模ゲームだ。その参加費用を、100万円とする。100万円をネット証券の口座に入れて、株を売買するのである。株は現物株に限る。

100万円は大金だが、退職金からひねり出せない額ではないはずだ。今後20年間楽しむとして、1年に5万円、月額換算で4000円ほどなのだから、新聞を購読する程度の負担である。100万円を仮にすべて失ってしまったとしても、そのダメージは致命的とは言えない。もしも1000万円だとダメージが大きすぎるし、10万円では本気になれないので、100万円がほどよい。

なぜ本気になる必要があるかというと、株の売買というゲームを楽しむ最大の目的は、社会との接点作りだからだ。

仕事をしているときは、自分の会社のことはもちろん、競合や業界の動向に関心を持っていたはずだし、さほど努力しなくても、その全体像をつかむことはできた。それが、世の中への関心へつながっていた。

仕事をしなくなると、世の中へのその関心は薄れてしまう。関心が薄れるから疎くなるとも、情報が集まってこなくなるから関心が薄くなるとも言える。

もしも定年がイコール、隠居であるならば、それでもいいだろう。しかし、60代は、老け込むにはまだ早すぎる。

なので、ネット証券会社に口座を持ち、100万円を元手に、どの会社の株を買えばいいかを考えることを通じて、社会に興味を持ち続けるべきだ。現役感を持って社会に関わるための100万円は、決して高くない。

ネット証券各社には、スマホからもサイトにアクセスできるようにしていたり、専用アプリを用意しているところもある。

しかし、この利用はおすすめできない。あくまでネットトレーディングは、社会との接点であり、情報収集のきっかけだ。スマホでどこからでもチェックするとなると、私のすすめる使い方とははずれていってしまう。100万円限定、パソコン限定くらいでちょうどいいと思うのだ。

そして、一時的に得をしようが損をしようが、一喜一憂しないこと。儲けるための株取引ではないのだ。損をしてもそれ以上のワクワクが手に入る。

スポーツチームの応援より企業の応援

プロかアマチュアかを問わず、スポーツ選手やチームには、必ずそれを応援する人たちがいる。芸能界も同じで、アイドルやロックバンドにも、やはり応援する人がいる。テレビで見るだけでは飽き足らず、スタジアムやライブ会場に足を運び、グッズを買い込む人もいるだろう。

こうした応援を、私は企業に対してしてもいいと思っている。

いつも飲む銘柄のビール、つい立ち寄るコンビニ、そこで買うアイスクリーム。いつも趣向を凝らしたCMを作る企業、車や家電を買うならここという企業。

こうした企業のことは、単に好ましく思い、そこの商品を買い、サービスを使うだけでなく、もっと堂々と応援していいと私は常々思っている。

ただ、応援するといっても本社前で「大好きです！」と大声を張り上げるのは逆に迷惑なので、企業の側が喜ぶ形で応援するのだ。

それが、株を買うということだ。その企業活動で儲けさせてもらおうと考えるのではなく、企業活動を応援するという視点に立つ。

すると、応援の仕方に品格が出てくる。

スポーツなどの応援と称するものの中には、応援のふりをしたヤジや誹謗中傷、足を引っ張る行為も見受けられる。これは、自分が一ファンであるという立場を忘れ、まるでそのチームの経営者や監督、その選手のパトロンだと勘違いした末の行動だ。

しかし、ファンは経営者でもパトロンでもない。どちらかというと、親である。相手に対する愛情が有り余り、多少の失敗も可愛らしくて仕方なく、業績不振に陥ればハラハラし、V字回復すれば我がことのように喜ぶ。企業はこうした親マインドで応援するのがいい。

もしもお金を増やしたいなら　～プロに任せる～

「はじめに」にも書いたように、私のすぐ下の世代の人たちは、年金に恵まれている。退職金もまだまだ、その次の世代に比べれば多くもらえる世代である。なので、定年後の生活には不安がないはずだが、それでも、なんとかして資産を増やしたい、あるいは増やす必要があるのなら、これはもう、プロに任せるしかないだろう。

プロに任せるとは、自分で株を売ったり買ったりするのではなく、投資信託を買うのである。

よく知られているように、投資信託には、日経平均株価などの指標に連動し値上がり・値下がりをするインデックスファンドと、ファンドマネジャーの目利きによって投資先がきまるアクティブファンドがあり、インデックスファンドは低コストで低リスク低リターン、アクティブファンドは高コストで高リスク高リターンというのが、一般的な分類の仕方だ。

万一、一切合切消えてしまっても生活を破綻には追い込まない程度の余剰資金があるのなら、こうした投資信託を試してみるのが、実は一番堅実な資産形成だろう。

インデックスファンドは何を買ってもさほど差がない。アクティブファンドは非常に差が大きく、『カンブリア宮殿』でも取り上げられた「ひふみ投信」などは、もしも3年前に買っていたら利回りは50％にも達していた。

また、投資信託をはじめとした資産形成で、壊滅的な失敗を避ける原則は、知らないものには手を出さないということだ。知っているつもりのものでも失敗は避けられないのだから、知らないものに手を出すのは自滅行為だ。

もしもこの本を読むまでインデックスファンドやアクティブファンドという文字列を見たことがなかったという人がいるなら、その人には投資信託はおすすめできない。

居場所を作る　～自宅を見直す～

会社に行かなくなると、会社にあった自席がなくなる。端的に言えば、居場所がなくなる。

そこで、自宅に居場所を設けることをすすめる。それも、テレビの前のソファとか、食事の際のいつもの席といったような、会社員時代、自宅での短い時間を過ごしていた場所ではなく、先ほど書いたネットトレーディングや、後で触れるようなインドアの作業をするのにふさわしい、長い時間を過ごす場所だ。

それは、テレビがなんとなく視界に入る位置が望ましい。

なぜなら、テレビは在宅中はつけっぱなしにして、録画や配信を流しておくからだ。そのテレビをちらちらと見ながら、別の作業ができる場所を、自分の居場所とするのである。小ぶりのテーブルや椅子をそこにセットしよう。あるいは、ダイニングテーブルをそこへ移動しよう。

私の場合、自宅ではテレビの見える位置にダイニングテーブルが置いてあり、原稿を書くのもプラモデルを作るのも、すべてそこで行っている。もちろん、食事もここでとる。

かつて、頭のいい子はリビングで勉強をするものだといった言説が流行したが、まったくもってそれである。

小部屋にこもって作業するより、自宅すべてを自室のように考えて、ひろびろと使うべきだ。家の中で最も居心地のいい場所を、新たな居場所とすべきである。

また、定年を機に、自宅のリフォームを考える人もいるかもしれない。まっさきに候補に挙がるのは水回りだろうが、使う人がいなくなった子ども部屋にも注目したい。

昨今は断捨離ブームで、何でもかんでも捨てたがる人がいるが、定年後の時間を自宅で楽しむには、ある程度、そのためのツールのストックが必要だ。楽器を演奏するなら楽器が、絵を描くならキャンバスや絵の具が、プラモデルを作るならもちろんプラモデルが必要だ。

都市部では家の広さに限りがあるため、なかなかものをため込めない。

しかし、使われなくなった子ども部屋があり、そこを自分専用のストックルームに変えられるのなら、その心配はしなくてよくなる。

なので、リフォームついでに子ども部屋の使い方を見直すというのはひとつの方法だ。どれだけリビングでものを広げても、来客や食事の際にはそのストックルームにものを移動できるというのは、奥さんの精神衛生上もいいことだ。

これも、勉強道具やおもちゃの収納場所は子ども部屋とし、宿題をしたり遊んだりするのはリビングルームというのと同じである。

この往復を怠らなければ、家庭内での居場所作りが反対の憂き目に遭うことはないだろう。

照明を入れ替える　〜20代の3倍の明るさが必要〜

照明に関する仕事をしている人の間では常識だが、60歳になると、20歳の3・2倍の照度が必要だという。年齢と目というと老眼にばかり関心が行きがちだが、明るさにも留意が必要なのだ。

昔は好きだった読書が最近はどうも続かないといったようなことを感じるなら、電子書籍に切り替えて文字を大きくして読むという方法ももちろんあるのだが、それよりも前に、まずは室内の照明を見直す必要がある。

20歳代、30歳代、40歳代にちょうどいい明るさの部屋は、60歳代には暗すぎるので、定年を機に、電球はすべて交換してはどうか。特に、まだLED電球に替えていないところがあるなら、全交換すべきである。

リビングなどは、部屋全体をぐっと明るくする方法もあるし、ダイニングテーブルの周り、いつも読書をするあたりにだけ、新たにライトを追加するという方法もある。

また、もしもこの本を若い店主が読んでいるなら知ってほしいのだが、大抵の店は、60歳代には暗すぎる。もしも懐に余裕のある60歳代に通ってほしいと思うなら、照明を見直してほしい。来てほしくないなら、そのままでよい。

家ではいい服を着る　〜着るものを見直す〜

会社に行かなくなるということは、スーツを着なくなりネクタイを締めなくなり、革靴を履かなくなるということだ。では、代わりに何を身につけるのか。ここは案外と見落としがちで、しかも、重要なポイントだ。

まず、外出着に関しては、「ユニクロ」で買うのが一番いいと思う。

シンプルなものが安く買えるし、どんな世代にも合うデザインが多いので、老け込まなくてすむ。シーズンの始まりに2万円も持って店に行けば、十分にワードローブを揃えられる。

いきなり「隠居しました」といったファッションを選んでしまうのはもったいない。それは90歳くらいになってからでいいのではないかと思う。

色やデザインは好みでいいと思うが、若作りしすぎず、渋くなりすぎず、実年齢が何歳であっても、40代半ばくらいのイメージがいいだろう。40歳ぐらいの店員がいれば、コーディネイトを頼んでみてもいいと思う。

全身ユニクロに抵抗があるなら、何かをワンポイントで足す。

何を足すかが個性になる。私の場合は夏なら「PAPAS（パパス）」というブランドのアロハシャツを足すことが大半だが、こんな具合に、プラスするのはアイテムだけでなくブランドも統一すると、なんとなくスタイルができあがっていくのだから面白い。デニムだけは「リーバイス」であとは「ユニクロ」とか、ポロシャツだけは「ラコステ」であとは「ユニクロ」とか、いったん決めてしまうと、買い物もすんなりとできる。

ついでに靴の話もすると、靴はいいスニーカーを買うべきだ。

いかにもシニア向けのデザインのものではなく、「ニューバランス」や「ナイキ」、「アディダス」など、若者も履いているブランドのものがいい。しかも、しっかりクッションの効いたタイプだ。こうしたスニーカーを履くと、歩くのが苦でなくなる。

歩くことは定年生活のひとつの柱となるので、履いていて気分が良くなるスニーカーを新調すべきである。早朝割引で節約できた分は、こういうところに惜しみなく使ってほしい。

さて、続いては室内着だが、どちらかというと、外出時の装いよりも、家の中だけで着る服にお金をかけるべきだ。

なぜなら、家で過ごす時間が長くなるからだ。デザインやコストよりも着心地や肌触りを重視し、ちょっといいものを身につける。いいものと言っても、スーツ代に比べればお安いものだ。

そして、いいものは長く着られるし、長く着てくったりしてくると一層、着心地が良くなる。服としての体《てい》をなさなくなるまで、着倒せばいい。この点は、外出着とは正反対だ。外出着は安くていいのだが、その分、常に新しい必要がある。安い服が古くなったとき、そこに生まれるのは風合いではなく、残念な雰囲気だ。特に年を重ねてからはそれがなんとも寂しく映る。なので、安くても新しいものを身につける。

毎年、夏と冬のシーズンの始まりにシャツやズボンを何枚か買い、その季節が終わったら、潔く処分するくらいでいい。みすぼらしく見せないことも、定年後のたしなみだ。

さて、外出着、室内着ときたら、最後はパジャマである。

パジャマも、私はできるだけいいものを着るべきだと思う。パジャマの善し悪しは睡眠の質に直結するので、よく眠りたければいいものを着た方がいい。このパジャマも、高いものを買って、何年、何十年と着るのが理想的だ。サイズは、普段Mサイズを着ている人でも、XLを選ぶのがいい。ぶかぶかくらいが快適だからだ。

念のため言い添えると、室内着とパジャマはきちんと着分ける。一日中、パジャマで過ごすというのは怠惰だし、生活のリズムを乱してしまう。どこからが活動時間でどこからが睡眠時間なのかは、衣類でけじめをつけるのがいい。

第2章を読んだらやってみよう

●金曜始まりのカレンダーを自作しよう

●今日から、いつもより2時間早く寝よう

●「Fire TV」を買って
「Amazonプライム」に申し込もう

●スマホを買おう

●家庭内にWi-Fiを整えよう

●ネット証券会社に口座を持とう

●自分はどんな会社が好きか、
3社書き出してみよう

「　　　　　　　　　　　　　　　　　」
「　　　　　　　　　　　　　　　　　」
「　　　　　　　　　　　　　　　　　」

●家の中の照明を取り替えよう

●2万円持って「ユニクロ」へ行こう

第3章　近所を歩けば次々と楽しみが見つかる

会社員は驚くほど近所を知らない

会社員は驚くほど、自宅の近所のことを知らない。知っているのは、家から駅までの最短ルートくらいのものだ。3軒隣にどんな人が住んでいるか、一本路地を入ったらどんな景色が広がっているか、最寄りの郵便局はどこなのか、実に知らない。また、その通勤路のことも、朝の出勤時と帰宅する時間帯のことしか知らない。実は平日の昼、その道が近所の保育園児の散歩コースになっている、なんてことも知らない。

その割に、会社の周りのことはよく知っている。定食ならどこがうまいのか、手早く昼食をとるならどの店か、最寄りのコンビニはどこなのか、家の近所のことよりも、何倍もよく知っている。

その理由は、会社の近くはランチタイムなどに出歩くからだ。朝と晩に足早に通り過ぎるだけでなく、昼間にゆっくりと歩いているから、知らず知らずのうちに情報を収集していて、それが知識の蓄積になるのだ。

なので、これからは通勤路から外れた近所も歩いてみるといい。駅までの道のりひとつとっても、最短ルートだけでなく、より多くの花が咲いているルート、猫が多いルート、車の少ないルート、起伏の激しいルートなどなど、違いを見出しながら歩くのだ。するとと、新たな発見が幾つもあるはずだ。

私も今の家に住んで15年くらいになるが、近所に素晴らしくうまい中華料理屋があったことをつい最近、知った。積極的に探そうとしなければ、そんなものなのである。

前の章でスニーカーをすすめたのはこれが理由である。歩きやすい靴を履いていると、どこまでも歩いていけそうになる。

地図とデータログが散歩を楽しくする

すぐに外に歩きに行ってもいいが、せっかくなので、近所の地図を研究してから出かけたい。

使う地図は、もちろん「グーグルマップ」だ。パソコンで自宅を中心に半径5キロぐらいを表示させたら、それをモノクロで印刷するか、モニターに紙を押しつけて主な道路を写し取る。それを基本の地図とする。モノクロで印刷する理由は、カラーだと情報量が多すぎるからだ。

その基本の地図を手元に置き、パソコンの「グーグルマップ」の方は、自宅から半径1・5キロくらいになるまで拡大する。すると、存在を知らなかった神社仏閣や名所旧跡や、公共施設や、喫茶店がいくつも見つかるはずだ。なかには、何の店なのかわからない店もあるだろう。少しずつ地図を移動させ、手元の地図にそうした未知のポイントを幾つか書き写したら、あとは、それらを確かめに出かけるのみである。

実際の街には、「グーグルマップ」では見つけられなかったものがあることも少なくない。

小さな祠《ほこら》、奇妙なアート、街の由来を書いた看板。こういったものはすべて写真に収めておけば、帰宅してからそれについて、存分に調べるという楽しみが生まれる。

出かけるときは、足元はスニーカー、そして、必ずスマホを持っていく。そのスマホには、ライフログアプリを入れておく。

iPhoneにも、たいていのAndroidのスマホにも歩数計はあらかじめ入っている。しかし、それでわかるのは歩いた歩数だけで、どこをどう歩いたかまでは記録されない。せっかくなので、足跡を記録に残すためデータログアプリを使いたい。iPhoneなら「SilentLog（サイレントログ）」などが代表的だ。これがあると、どこをどんな風に歩いたのかが、地図上に自動的に記録される。

近所の探検が終わったら、今度は、地図上に歩行記録を残すことを目的に散歩に出かけてもいいだろう。

この準備は、モノクロで印刷した地図上に、簡単な絵を描くことだ。ただし、どんな絵でもいいわけではない。自宅からの道路を、できれば一筆書きでつないで絵を描く。そして、その地図を持って、スマホも持って、描いた絵のように歩く。

そして帰ってきてからデータログアプリを開いてみれば、地図に描いたのと同じ絵が、データとして残っている。人力による一筆書きを見るのは、散歩のいい楽しみになる。

一番に探したいのは古本屋、次に探したいのはほどよく空いた喫茶店

地図を持ちアプリを使いながら近所を探索していると、知らなかった店との出会いがあるが、特にチェックしたいのは古本屋だ。

最近は新刊書店も街から消えつつあるが、古本屋も大手チェーンに飲み込まれてきている。

今や貴重な存在となった、できれば個人経営の古本屋があればぜひとも足を運びたい。そしてその古本屋で、これまで読んだことのない、しかし、読んでみたいと思ったことのある全集を買うのである。

ただの長編ではなく、吉川英治の『三国志』、山岡荘八の『徳川家康』など、このくらい長いものや全集だ。古本屋でなら、新刊で買うよりもずっと安く手に入れることができる。あるいは、百科事典もいい。子どもの頃にずらりと百科事典を並べていた人、あるいは、それに憧れていた人は、いまこそそれを堪能するチャンスである。

もちろん、新刊の店で買ってもいいのだが、わざわざ古本屋としているのには意味が

ある。古本屋でなら、古い百科事典に代表される、その時点での最新情報で、今から見ると古い情報で編まれた本が見つかるからだ。

たとえば、2008年発売のスマートフォンの本には、発売間もないiPhoneについて延々と書かれているだろう。1998年発売のパソコンの本には、発売間もないWindows98とそれが標準でサポートしたUSBなるインタフェースについてやはり延々と書かれているだろう。

エンジニアとして会社員人生を全うした人は、自分の新人時代の技術書などを見つけたら、絶対に買って読むべきだ。

そうした本は、当時を懐かしむ材料となるだけでなく、今日までの進化を感じさせてくれる。このビフォア・アフターを楽しめるのはビフォアの時代を知っている世代だけだ。だからこそ、古本屋で、その差分を探すべきなのだ。

そうして手にした戦利品は、長い定年後の生活を使って、じっくり時間をかけて、読み切る。

読む場所は自宅に新設した居場所でもいいが、いっそのこと、家の外にじっくり読書できる場所を確保するのもいい。

このときにおすすめなのが、個人経営のほどよく空いた喫茶店だ。スターバックスやドトールのようなチェーンの店は、時間を潰す会社員で混んでいることが多いし、店員も入れ替わりが激しいので、若者には敷居の高い昔ながらの喫茶店をチョイスするのだ。週に一度でも、その店にゆっくり腰を据えて読書を楽しめば、あっという間に常連客になれる。

別に、店主と楽しくおしゃべりをする必要はない。もちろんしたければしてもいいのだが、家から歩ける距離に居場所を持っているというだけで、十分な価値がある。

シャッターは惜しみなく切り、テーマを持って公開する

スマホを持っての散歩のいいところは、それが自動的に、カメラを持っての散歩になることだ。だから、歩いていて気になるものがあれば、すぐに写真に収めることができる。

また、何枚でも撮ることができる。スマホで写真を撮っていて、容量オーバーになっ

てしまってそれ以上撮れない――というケースはまず、考えられない。なので24枚や36枚フィルムのように残り枚数を気にする必要はない。気になるものがあったら、すぐにスマホを向けて、シャッターを切れば良い。

撮るだけが退屈なら、自分も一緒に撮るといい。いわゆる自撮りという奴だ。ただ、いかにもな自撮りはいささか恥ずかしい。

そこで、自分の影や自分の靴を一部入れ込んで、さりげない自撮りにするのがいいのではないか。こうすると、インスタグラムなどに写真を公開して、仮に誰かに無断でコピーされるようなことがあったとしても、オリジナリティを主張できる。

なお、撮った写真は、個人や自宅が特定されないように配慮しつつ、ガンガン、インスタにアップすべきだ。インスタというと若者、とりわけ女性のコミュニケーションツールのように感じるかも知れないが、だからこそ定年世代におすすめなのだ。

第1章で、ｉＰｈｏｎｅアプリを作る80代女性を紹介したが、彼女が話題になったのは、80代で女性だったからだ。

もしも30代男性なら、まったく注目されなかっただろう。そこそこ若い男性のものと思われている世界に、80代の、しかも女性が入ってきたから目立ったのである。

インスタが若い女性のものであるなら、そこにオーバー60の男性が入れば、それだけで独得のポジションを築くことになる。

だからインスタなのだ。ただし、どんな写真でもアップしていいかというと、そこには工夫が必要だ。工夫とはテーマを持たせるということだ。

他人のインスタを見れば、それは自ずとわかるはずだ。あるときは食事、あるときはネコ、あるときは風景といった具合に、バラバラの写真をアップしているとそこには個性が感じられない。

どうせなら、このアカウントにはいつもこの手の写真というイメージを、見る側に持ってもらうようにしたい。自分をプロデュースする感覚を持ち込むのだ。

たとえば、書き間違いのあるおもしろ看板だけをアップするとか（これは実際にやっている人がいる）、飲食店の外のショーケースにある古びたサンプルだけをアップするとかだ。あまりマニアックなものにしてしまうとなかなか被写体と出会えないので、そこそこの頻度で巡り会うものを選びたい。

とりあえずシャッターを切りまくるのは、そこそこの頻度で出会える、面白い被写体に気付くためでもある。しばらくの間は、インスタのテーマ探しを散歩の目的にしてもいいくらいだ。

なお、インスタはこの原稿を書いている時点ですでに高齢化が進んでおり、若い世代は「ＴｉｋＴｏｋ（ティックトック）」という動画ＳＮＳに足場を変え始めている。

雨の日に出かけたくなる工夫をしてもいい

雨が降ったら外出を取りやめるというのが賢明だとは思うのだが、雨が降らないと見えてこない光景もある。インスタのテーマに雨を絡めると、雨が降れば降るほど外に出かけたくなって、写真を撮りたくなるという現象に陥ることになる。これはこれで、健康的でいいものだ。

雨が降らないと撮れない写真のひとつに、水たまりを使ったものがある。水たまりの反射を活かした写真で、夜の方がひときわ美しい。普段見慣れた夜景でも、まるで水辺に移動したかのような写真が撮れる。

煌々《こうこう》と明かりの灯ったオフィスビル、赤提灯の揺れる飲み屋街、公園に立つ一本の街灯もすべて被写体となる。

こうした写真は雨が降っている最中よりも、上がった直後のほうがよく撮れるが、水たまりができるほどの雨が降ってきたら、いそいそと外出の準備をすることになるだろう。

また、人は雨が降らないと傘を差さないので、傘の花が開いているような写真は、雨が降っているときにしか撮れない。場所は、渋谷のスクランブル交差点のようなところがベストだが、人通りの多い通りに面したビルの非常階段や、歩道橋の上も撮影スポットになるはずだ。

窓についた水滴にピントを合わせ、その向こうの景色をぼんやりと撮影するのも、雨の日ならではの楽しみ方だ。

近所を歩き尽くしたら公共交通機関を使う

家の近所半径5キロくらいを歩き尽くしたら、そろそろ足の筋肉も長距離歩行に耐えられるようになっているはずなので、行動範囲を広げたい。歩くことそのものに楽しみを見出したのなら、10キロ、15キロと歩行距離を延ばしてもいいだろう。

しかし、歩く距離を長くすると、その分、時間がかかるようになるし、近所に飽きてしまう恐れもある。

そこで、公共交通機関である。

手っ取り早いのは電車だ。一駅隣まで出かけ、駅の周りを散策し、その後は徒歩で帰宅する。隣の駅から自宅までの道のりは何種類もあるので、最短ルートや大迂回ルート、商店街を通るルートなど、いくつか試すといいだろう。出かける目的や方角によっては、最寄り駅よりもひとつ隣の駅を使った方が便利だったり都合が良かったりという発見もあるだろう。

また、盲点なのはバスである。

自宅の最寄り駅は即答できても、最寄りバス停を即答できる人は少ない。わからない、という人も多いのではないか。

そうであれば早速、バスで出かけるのみである。まずは最寄りのバス停を探し、終点まで行ってみる。電車では行けなかったり遠回りだったりする場所へ、案外短時間で行けるとわかると、バスはとたんに面白くなる。

最寄りのバス停からの路線を制覇したら、近くを走る別の路線も探してみる。そしてまた、終点まで出かけてみる。

こうしたことを繰り返していると、たとえば都内で生まれ育った人であっても、行ったことのない場所、初めて足を踏み入れる土地がいくつもあることに気が付くだろう。

こうした発見は刺激的である。

帰ってきてから行った先の地図を見直してみて「この庭園まですぐだったのか」「あの店まで行こうと思えば行けたな」などということが見つかれば、また訪れてみたくもなるというものだ。

まずは予習をせずまっさらな状態で初めての街を歩き、帰ってきてから復習して次の訪問に備えるようにすると、ひとつの街を、二度、楽しめる。

公共交通機関を使うなら、いわゆる交通系ICカードを使うことになるはずだが、もう、会社から定期が支給されるわけではないので、自分で買って使うことになる。チャージはオートチャージが便利だが、あえて3000円ずつチャージして、3000円分なくなるのに何日かかるかを記録しておくのもいいだろう。減りが早ければ活動的、遅ければいまひとつとすぐにわかるからだ。

世の中ではビッグデータの時代だが、個人でも、取れる記録は取っておくと、あとからその価値の高さに気付くことは少なくない。

外出ひとつとっても、漫然と出かけるのではなく、データを得るために出かけるような楽しみ方があってもいいのではないか。

一人スタンプラリーを楽しもう

歩きに行くことだけを目的に歩きに行くのが散歩だが、もちろん、目的を持って出かけるのも悪くないし、インスタにおけるテーマのような、外出のテーマがあると、散歩は散歩を超えたエンタテインメントになる。

では、どんなテーマを持ってどこへ行くのか。お散歩ガイドブックのようなものに頼るのもいいのだが、後の章で書くように、定年後の生活では計画を立てることも楽しみのひとつだ。

どんなテーマを持って散歩へ行くのか、誰かに提案してもらうまでもなく、自分で考えて、その通りに動けばいい。

自分のテーマを見つける。これは定年後のくらしを楽しむうえでの基本中の基本なので、街歩きや、先ほど書いたようなインスタのような身近なところから試し、慣れておくといい。

ひとつおすすめの散歩テーマを挙げておく。

それは散歩のスタンプラリーだ。実際に手帳などにスタンプを押す必要はないのだが、スタンプラリーのキモは、コレクションと制覇にある。

コレクションとはスタンプを集めることだが、これをスマホを持っての散歩に置き換えると、そこでしか撮れない写真のコレクションということになる。

制覇とは、決められたゴールまでたどり着くこと。なので、自分でスタンプラリーを計画するとなると、どこをゴールにするかを決める必要が出てくる。

どんなスタンプを集めるか、どこをゴールにするかは好きに決めればいい。

たとえば、23区の区役所の職員食堂を食べ歩くと決めると、どこか23カ所目の役所の食堂がゴールとなる。スタンプ代わりの写真は、その日食べたメニューでも、区役所の立派な看板でもいい。

乗降客の多い駅のトップ10を廻るのでもいい。JR東日本の場合は駅別乗車人員は多い方から新宿、池袋、東京、横浜、品川、渋谷、新橋、大宮、秋葉原、北千住の順である。スタンプ代わりの写真を何にするかは、自由に決めればいいと思う。1番線の案内看板でも、自動改札機でもいいだろう。

この原稿を書いている時点では、企業の時価総額トップ10は、トヨタ、NTTドコモ、ソフトバンク、NTT、三菱UFJ、KDDI、ソニー、キーエンス、三井住友フィナンシャルグループ、JTである。本社、あるいは東京本社を巡ってはどうだろうか。

知ってるつもりを確かめに行く

「IKEA（イケア）」という家具屋の名前を知らない人はいないだろう。青と黄色のロゴが印象的な、スウェーデン発祥のこの企業は、世界最大の家具量販店で世界各国に店舗を持っている。日本も例外ではなく、2006年に事実上の1号店がオープンし、その後、着々と店舗数を増やしている。

といったことを、たいていの人は知っている。

「コストコ」という店もある。アメリカに本社のある会員制の大型スーパーで、店内はまるで倉庫だ。食品のほか、衣料品や家電製品も扱っている。「イケア」もそうだがこの「コストコ」も、店内のフードコートが有名だ。

といったことも、たいていの人は知っている。

しかし、これまで会社員として人生を送ってきた人の中で、このどちらにも行ったことのある人は少ない。知識としては知っていても、現場を体験してはいないのだ。

都内で暮らしていると、東京タワーを見たことがないという人は少ない。東京スカイツリーについても同様だ。しかし、両方の展望台に上がったことのある人はというと、ほとんどいないだろう。

高い塔の展望台は観光客のもの、高い塔は上るものではなく下から見上げるものという思い込みがあるせいだ。上ろうと思えばいつでも上れると、高をくっているところもあるのかもしれない。

「イケア」や「コストコ」にも、同じことが言える。

名前を知っていて、特徴を知っているので、すっかり理解した気になっていたり、自分とは縁遠いところだと思っていたりで、なかなか行こうと思えないのだ。

だからこそ、行く価値がある。

「イケア」や「コストコ」は、知ってるつもりでまったく知らない場所の象徴なのである。

少し大上段に構えてしまったが、しかし、話題の店がどんな風に利用されているのかを知るのは、世の中を知るということなので、新しい情報に疎くなりがちな定年後の生活では、ミーハー気分で新しい場所へ出かけて行くのはいいことだと思う。ただし、週末はどちらも混雑しているので、平日の空いている時間帯を狙う。

企業系博物館から得られるヒント

たまに上野の森を歩くと、国立西洋美術館にできている大行列に驚かされる。同様の行列は、近くの東京都美術館や上野の森美術館でも見られ、さらには近所の東京国立博物館、国立科学博物館でも、入場待ちの列ができていることもある。

こうした場所が、知っているけれど行ったことのない場所であるならば、そこへ出かける価値は大いにあるのだが、その一方で、行列の一部になりたくない人もいるだろう。

そういう人には、空いている博物館がおすすめだ。

それはずばり、企業の経営している博物館である。

ウィキペディアで「企業博物館」のページを見ると、実に多くの企業が博物館を持っていることが分かる。ブリヂストン美術館（現在休館中。2020年1月に「アーティゾン美術館」として再オープン予定）や五島美術館など、有名美術館も多いのだが、それを上回るのが、自社の業務に関わる博物館・資料館の類いである。

これもまたウィキペディアを見ると一目瞭然だが、この手の企業系博物館の多くは、独立したウィキペディアのページを持っていない。つまり、ウィキペディア大好きな一部の人たちにとっても、未踏の地なのである。

だからこそ行ってみると未知の発見があるはずだ。

私はかつて、特種東海製紙という会社の三島工場の敷地内にある「Ｐａｍ三島」という展示施設を訪れたことがある。最新の紙の用途などにも驚かされたが、一番びっくりしたのは、コレクションだ。あるところにはこういうものがあるのだなとうならされてしまった。残念ながらここは一般には非公開だが、同じような発見は、よりアクセスしやすい博物館でも期待できる。

こうした施設の運営状況を見れば、この企業は思っていたよりしっかりしているなとか、さほどでないなと思うこともあるだろう。

そうした印象を、株の売買に反映させてもいいだろう。

ネットで得られる情報は、ある意味、誰でも得られる情報だ。しかし、そこへ行かないと手に入らない情報もまだまだたくさんある。人があまり行かないようなところに、思わぬ情報が偏在していることもある。

だから、企業系の博物館は面白いのだ。

丸投げしたければ日帰り旅

どこへ出かけるかを考えるのは定年後の散歩の楽しみのひとつだが、時にはそうしたプランは立てず、誰かにどこかに連れていってもらうのもいい。自分では予想しなかったような出来事には、こうした人任せの旅で出会うことも多い。

東京駅の丸の内南口から次々に発車する黄色いバス、「はとバス」に乗ったことのない東京人は多いが、歴史とユーザーが多いだけあって、コースはよく練られているし、バラエティも豊かだ。

この原稿を書いている時点で私が注目しているのは、まず『地下に潜む大空間！首都圏外郭放水路と茨城県自然博物館・アサヒビール工場見学』。首都圏外郭放水路は、公開されている様子をニュースで見るたびに申込みを忘れたことを後悔する施設のひとつだが、「はとバス」で行ける。

しかも、ビール工場の見学がセットになっているということは、当然、一杯引っかけて帰路につくことができる。自分で運転して行くのでは絶対にできない楽しみ方だ。『完成までラストスパート！ 完成間近の八ツ場ダム 上から下から工事現場見学』も気になるツアー。

政治的に有名になったダムの建設現場を近くまで見に行けるのだ。こうした施設の工事中の状態を見ておくと、必ずや、完成後も見に行きたいというモチベーションが生まれるので、後々の楽しみもできる。

ダイナミックさに触れたいなら『新日鐵住金君津製鉄所・小湊鐵道里山トロッコとかずさブランド和牛の焼肉』も見逃せない。

まるで「はとバス」のガイドブックになってしまうのでこのあたりにしておくが、この3つの日帰りツアーのうち、1万円を超えるのは最後のひとつだけ。あとは4桁だ。

同様のツアーは近畿日本ツーリストグループも『旅の発見』というサイトで提供している。一般的な観光とはひと味違う、大人の社会科見学、ちょっとした非日常が楽しめる。

健康のことを気にしすぎると不健康になる

ここまで散々、近所を歩け、近所を歩き尽くしたらもっと足を延ばせと書いてきたのは、そうやって歩くことが健康に直結するからだ。

私は、健康のために何かを犠牲にすることはしない。食事や飲酒の制限や、苦行のような運動は絶対にしたくない。健康への意識が過剰になると、何も食べられず何も飲めなくなり、些細な変化も気になって、病は気からの言葉通り不健康になりそうだからだ。

若い頃から健康マニアで、体にいいと聞けば何でも試してきたようなタイプの人は、定年後も、健康にいいと言われるものをどんどん試していけばいいと思う。しかし、これまで無頓着だった人が、やれ血圧が血糖値が中性脂肪がと気にしすぎると、これはただのストレスになりかねない。

そもそもすべての生き物は老いるようにできているし、老いれば若い頃とまったく同じというわけにはいかない。髪が白くなり顔にシワが刻まれるのと同じように、呼吸器や循環器も衰える。そうした変化は自然なこととして受け入れた方が、私のような人間の場合は気が楽だ。いつまで若さを保てるか、健康でいられるかなど、いくら考えて頭を悩ませたところで、最終的な結果はさほど変わらないのだから、うじうじと気にする必要などない。

さりとて、極端に不健康にはなりたくない。なので、適当に歩くことにしている。ただ、やれ1日1万歩は歩きましょうなどと号令をかけられても、困ってしまう。問題はどこをどんな風に歩くかだ。まさか400メートルトラックを何周しましょうなどという目標を立てる人はいないだろうし、そのノルマの達成はまさに苦行そのものだ。だから、出かけたくなる理由をいくつも用意するのである。

また、ここでついでに健康に関する話をしておくと、定年したら、当然のことながら会社の定期健康診断は受けられなくなるので、最低限、地域で用意されている健康診断を受けるべきだ。もっといいのは定期的に人間ドックを受診することで、私の場合は2年に1度、人間ドックを受けている。「特に何もなかった」という安心感は、人間ドックの面倒くささをはるかに上回る。また、仮に何か見つかっても、早期発見ができたとポジティブに受け止めるべきだ。

第3章を読んだらやってみよう

●近所の地図を自作しよう

●自宅最寄りの店を書き出してみよう
古本屋「　　　　　　　　　　　　　　　　　　」
喫茶店「　　　　　　　　　　　　　　　　　　」

●「インスタグラム」、
「TikTok（ティックトック）」
にアカウントを作ろう

●交通系ICカードの
チャージ履歴をつけ始めよう

●最寄りのイケア、コストコの位置を確かめよう

●はとバスのサイトをチェックしよう

第4章

60歳からは愛想よくしようなんて考えるな

定年後につきあう相手は自分で選べる

会社員生活が長かった人は、人間関係について大きな誤解をしている。

まず、嫌な相手ともつきあわなくてはいけない、というのは誤解である。

会社で働いていると、周囲はいい人ばかりではないし、気の合う人ばかりでもない。自分から見ると嫌な上司、気の合わない同僚、生意気な部下、意地の悪い取引先などはどうしてもいる。いないという人は、よほど恵まれているか物事への感度が極端に低いかのどちらかだ。

ともあれ、必ずしも好きではない、はっきり言えば嫌いな人ともそれなりにうまくやることを求められ、いつのまにかその状態が正しいと信じ込んでしまっている人が多い。

しかし定年後の生活は、すべてがプライベートである。会社の都合や部署の都合などに振り回されたり、それを慮《おもんぱか》ったりする必要はない。

定年後は、つきあいたい人とだけつきあい、つきあいたくない人とはつきあわない。それでいいのである。

定年後の人間関係は、店選びのような感覚で構築するのでちょうど良い。

ある店をほかの店より贔屓にする理由はいくつもある。

店主が気に入った、従業員の対応がいい、品揃えがいい、うまい、安い、家から近い、空いている、いろいろだ。さほどいいとは思えない、店主や従業員がいまひとつ、品揃えはありふれていて、味も価格も特徴なく、遠い上に混んでいるような店に、頑張って通う必要はない。

美容院だって歯医者だってそうだ。なんとなく居心地が悪いという程度の理由で、ほかに通うことに、誰の許可も必要ない。まったくもって自由なのである。

人間関係も同じだ。

この人とは親しくつきあいたいと思ったらそうすればいいし、あまり合わないなと思うなら、無理をする必要はない。利害関係がない相手と、我慢してつきあう筋合いはない。ほかにいくらでも、つきあえる相手はいるものだ。

定年を迎えたら、つきあう相手は自分で選べる。このことは肝に銘じるべきである。

もちろん、相手にも同様の自由がある。そのこともまた、肝に銘じるべきである。

新卒で入った会社で定年まで勤め上げた場合には、同時期に定年退職した同期が何人かいるはずだ。そうした人たちとは定年後、つきあってもつきあわなくてもいい。気が合うなら会えばいいいし、そうでないなら距離をおけばいい。

30年以上を同じ組織で過ごした相手とはつもる話もあるだろうが、あえて別の見方をすれば、たまたま同じ組織で仕事をしていただけの関係だ。

入社時は同じようにその会社に憧れの気持ちを持っていたかもしれないが、その気持ちはとうに変わっているだろう。

また、入ったときには横一線でも、出ていくときには差がついていて不思議はない。なので、無理に関係を続ける必要はない。

目的ごとにつきあう人を変えろ

もしもあなたの趣味がゴルフと歴史小説を読むこととクラシックカメラの収集と浦和レッズの応援と立ち食い蕎麦の食べ歩きだったとして、そのすべての趣味を分かち合える相手は、まず、いない。

なので、そのすべてにつきあってくれる人もいない。

定年後、同じ趣味を楽しめる相手を探すには、このことを強く意識する必要がある。どれかひとつでさえ、一緒に楽しめる相手がみつかれば、それは大変な〝めっけもん〟である。

ゴルフ人口や歴史小説の売れ行きを考えれば、同じ趣味を持つだけの人なら、それなりの数が、いるはずだ。しかし、その楽しみ方となると千差万別だ。

たとえばゴルフなら、血眼になってシングルを目指すというプレイスタイルの人もいるだろうし、打数や飛距離より、一緒にラウンドする相手との会話が重要という人もいるだろう。

私のように、決して上達にやっきにならず、経験を活かしていつかベストスコアの更新を狙うタイプも、ほかにいるかもしれない。

同じゴルフでも、せっかく一緒にプレイするなら、同じ楽しみ方をしたいものだ。趣味そのものだけでなく、楽しみ方まで同じ人となると、なかなか貴重な存在だ。

旅行などではその違いが顕著だ。あちこち見て歩きたい人、ひとところでゆったり過ごしたい人、有名な観光地では記念写真を撮りたい人、地元の人しか行かないようなスーパーで物色したい人、この4人が一緒に旅をするとなると、ホテル以外では別行動するのがベストソリューションのはずなのに、無理をして一緒に行動して、疲れてしまうようなことがある。

一見、同じ趣味を持っている人同士でも、こういったことがあるのだ。

同じ楽しみ方をする相手は、かなり貴重な存在であり、大切にした方がいい。

なので、たとえば同じようにゴルフを楽しめる相手が見つかったとして、その相手がほかの趣味では相容れない相手、浦和レッズサポーターにとっての大宮アルディージャサポーターのような存在であっても、そこではサッカーのサの字も出さず、ただひたすらゴルフを楽しむべきである。

人づきあいが好きでなかったなら誰ともつきあわなくたっていい

定年というと、それまで毎日のように通っていた職場というコミュニティを失うことになるので、新たなコミュニティを探すべきだという説はあちこちで聞かれる。

しかしこれは、コミュニティに属するのが好きな人に限った話だと私は思っている。本当は人づきあいが苦手で、仕事をしている間は仕方なく対人関係を取り繕っていたという人はそれほど少なくないだろうし、そういう人に新しいコミュニティを探してそこに加わり上手くやれというのは、拷問に近いのではないかと私は思う。しかし、そんな苦行は本来は不要だ。

前の項目で書いたように、定年後は好きな相手とだけつきあえばいいというのは、かなり理にかなっていると私は考えている。

なぜなら人間は、しばらくの間、会社員という仮面に覆われていた本来の顔が、60歳前後からむき出しになるからだ。

そうして素の顔に戻ったとき、好きな人とだけつきあいたいと考えるのは実に自然なことだし、あまり人や人づきあいが好きでない人が、人づきあいを避けるのは当然すぎることだ。

なので、あまり人づきあいが好きでない人は無理をする必要はない。「機会があったらコミュニティに加わってやってもいい」と考えるくらいでいいと思う。

SNSについても同様で、定年したらSNSで交流しようなどと一様に呼びかけるのは無責任だ。あれにも向き不向きがある。ひとまずアカウントを作るのはいいが、そこで活発に他人と交わらなくてはならないという決まりはない。SNSといえどもツールなのだから、使いたいように使えばいいし、使いたくなければ使わなければいい。

友人はマストではないが、配偶者はマスト

どんな趣味でも一緒に楽しめる相手は、原則としていない。ただひとりの例外は配偶者だ。

もしも定年を間近に控えていて、独身という人がいるなら、さっさとこの本を放り出

して、配偶者探しを始めるべきだ。この本を読むのは、配偶者を見つけてからで十分だ。特に男性には声を大にして、活字を大きくさらに太字にして伝えたい。

今の日本では、極端な言い方をすれば、人づきあいが苦手な人は、定年後は友人がひとりもいなくても楽々と生きていける。近所に知り合いがいなくてもまず、大丈夫だ。かつては近所で助け合わないとできなかったようなことは、行政や企業のサービスを使うことで、たいてい、カバーできている。

しかし、家の中となると話は別だ。これは、家に誰かいないと不便だとかいったレベルの話ではない。

趣味とは呼べないような生活の些細なところで、面白みや楽しさを共有できるのは、わざわざ約束をして会う必要のない、配偶者だけだ。そしてそうした面白みや楽しさを誰かと共有することは、定年後の生活を豊かにする。定年前の生活でも同じなのだが、家にいる時間が長くなる定年後には、その価値が相対的に上がる。

そして、そうした小さなところで共感を積み重ねていると、ゴルフの楽しみ方の違いや、旅先での優先順位などの違いは、些細なことになる。なので、どんな趣味でも共有できるようになる。

さらに、会社を卒業した元会社員にとって、配偶者は最後の、そして唯一の利害関係者だ。極端なことを言えば、定年退職を迎えたその日、ずっと気に入らなかった上司をぶん殴ったとしても、多少罪に問われる程度で、その後の仕事や人間関係の大勢には影響を及ぼさない。

それまでは複雑に絡み合っていた利害関係が、定年というタイミングでリセットされるからだ。むしろ「あいつをぶん殴った英雄」としてあがめられるかもしれないと思うのだが、それはさておき、配偶者をぶん殴ってもその後の人生に影響がないというシーンは、未来永劫やってこない。なぜなら、それが配偶者という存在だからだ。

定年によってあらゆる利害関係から解放されると、あまりに自由になりすぎて、羽目を外し、暴走しかねない。いわゆる「失うものがない人」になってしまうのだ。

失うものがない人は、守りたいものがある人に比べて、自暴自棄になりやすい。暴走老人という言葉もある。そうなってしまわないためにも、最後の関門として、配偶者は必須なのである。

女友だちはみんな〝ガールフレンド〟

定年後、最も大事にすべき相手は配偶者だ。それは揺るがないのだが、だからといって、配偶者以外の異性と口をきいてはならないというわけではない。ある趣味に限れば、異性の友人との方が楽しめるというケースもあるだろう。そもそも、いつ何時も配偶者が自分の都合に合わせてくれるわけでもない。

そうした理由で異性の友人と一緒にいる時間ができると、それについてとやかく言う人も出てくる。世の中とはそういうものだ。

あの女性は何なのか。

そうしたことを、直接的にしろ間接的にしろ、聞かれたならば、私ならばこう答える。

「ガールフレンドです」

「友だちです」では、聞いてきた相手が納得しない可能性が高い。

「ただの友だちです」では、「ただの」を勝手に解釈されそうだ。

そこで、ガールフレンドなのである。そのガールフレンドが、既婚だろうが未婚だろうが、年上だろうが年下だろうが、内心、好意を抱いていようがいなかろうが、そういったことには関係なく、女性ならすべて等しくガールフレンドで統一する。

ガールフレンドという答えは、相手にどこか肩すかしを食らわせるものだ。しかし、ただの「フレンド」ではないのだから、下世話なことを聞きたいという相手の好奇心を、そこそこ満たすことができる。また、ガールフレンドと呼ばれたそのガールフレンドが、嫌な思いをするとは思えない。妙に意識して「なんでもない」などと言ってしまったら、「なんでもないとは何事だ」と機嫌を損ねかねない。

なので、私はガールフレンドという言葉を選び、使う。

小言ジジイにならないために

嫌いな人とはつきあわない、苦手なものには近づかない。

これは定年後の生活で最も大事にすべきことだ。なぜなら、そうする理由がないからでもあるが、そうやって無理をしていると、どうしても小言が増えるからだ。

アイツは嫌な奴だ、ダメな奴だ、あんなものはどうしようもない、やっても意味がないなどといった悪口は、アイツやあんなものとの距離を保てていないから出てくるものだ。視界からも心からもシャットアウトしていれば、そんな思いも言葉も生まれてくるはずがない。

それに引き替え小言ジジイと呼ばれる人たちは、小言の対象を貪欲に探し、手当たり次第に小言を垂れる傾向にある。落語の『小言念仏』に出てくる亭主はまさにそれで、見るもの聞くものに文句を言っている。あまりに小言続きなので、勘弁してほしいと思った家の人が発起して、小言の原因になるようなものを先回りしてつぶしていくようになる。すると亭主は、小言が言えないことに小言を言うようになる。

これは極端な例だが、しかし、実際のところ、無理をして好きでもないものを見たり聞いたりするから、小言が出てくるのだ。

なので、小言ジジイにならないための最高の方法は、小言の対象を自分から遠ざけることである。

ここであえて、小言を言わないメリットに言及するなら、類は友を呼ぶという言葉の通り、小言好きの周りには小言好きが集まり、非生産的な会話ばかりを重ねることになるからだ。

定年後は時間があるとはいえ小言に時間を費やすのはあまりにも無駄で馬鹿げている。だから、人を嫌な気分にさせるニュースや他人の悪口が渦巻いているようなサイトには、近づかないことだ。そんな情報は、目にせず耳にもしないのが一番だからだ。

もしも小言を言いたくなったら

小言の原因を周囲から排除しても、ニュースなどに触れていれば、腹が立ったり文句を言ったりしたくなることもあるだろう。この場合も、決して言葉にして、周囲に聞こえるように話してはならない。

どうしても我慢できなくなったら、「ツイッター」でも「はてな」でも何でもいいので文句専用のアカウントを作り、そこに延々と書き込むのがいいだろう。もちろん、アカウントは匿名で作る。

そしてそのアカウントは、文句の書き込み以外には使わない。そこで誰かと交流はしない。間違っても近所の天気の急変や、庭の花などについて書き込んではならない。そんなことをしたら、身元がバレてしまう恐れがあるからだ。

それに、そうしたヒントを積極的に提供しなくても、絶対にバレないというわけではないことはよくよく知っておくべきだ。そうしたリスクを冒してでも、文句を言語化し、世に発信したいなら、匿名で書くというのが今のところベストな選択だろう。しかし、リアルな世界では決して言わないようなことは、いくらネットでも、そして匿名でも、書くべきではない。

これは倫理の問題ではなく、リスクの問題だ。

ネット上の情報を鵜呑みにし、匿名掲示板で、高速道路で煽り運転をした人物の〝実家〟と誤解された家族を誹謗中傷したり、極悪な殺人事件の〝加害者〟とこれまた誤解されたコメディアンについて執拗に書き込みをしたりした人たちは、警察によってその正体を突き止められている。匿名掲示板ですら、実のところは匿名ではないのだから、SNSなどではすぐに正体がわかると思っていた方がいい。

それでも誰かの悪口を言いたいのであれば、それは最悪の事態をも覚悟して、自己責任で行うしかない。

近所づきあいに深入りするな

定年すると家にいる時間が長くなるので、それまではさほど関心を抱かなかった近隣住民にも興味を持つようになるだろう。向こう三軒両隣とほどよい関係を築きたいと考える人もいるかもしれないが、あまり深入りしない方がいい。

近所のテニス大会や将棋教室など、目的のある会がたまたま近所にあり、それに参加するのならば話は別だが、ただの近所の人同士の集まりには、注意が必要という意味だ。

その地域の住人であることをやめるのは、勤めていた会社を辞めるよりもずっとハードルが高いことだ。若い頃ならいざ知らず、60歳代になってそれまで暮らしていた土地を去るというのは、体力的にも精神的にもかなり堪《こた》える。

なので、現状維持に限る。何か新しい波風を立てて、その結果、そこに居づらくなるのは大きな損だ。

これが会社なら、先述したように辞めるときに大嫌いだった上司を一発殴ったところで、まったく問題がないとは言わないが、近所の人を出会い頭に一発殴ったことで起こることに比べれば、それは取るに足らない。会社とはその程度の存在だ。

ところが近所となると、これは家庭の延長線上にあるもので、縁を絶つことは難しい。しかし、深入りをしなくてもいいのだから、会社勤めをしていたときと同様、ほどよい距離を保っておけばいい。

もちろん、「このたび定年退職をしまして」などと挨拶回りをする必要もない。そうした変化はなんとなく、伝わるものだからだ。顔を合わせたとしても、こちらからにこやかに会釈する程度で十分である。

定年したことが近隣に知れると、町内会の自治会長などの役職に就くことを求められる可能性もあるが、そうしたものは断った方がいい。そこでは得られるものよりも、失うものの方が大きい。

正義と正義が戦うことほど厄介なことはない

町内会づきあいをすすめられないのは、そこには善意のある人ばかりが集まっているからだ。その善意には、この町内を住みよくしたい、安全を保ちたいといったような、誰もが同じように抱く善意もあるだろう。しかし実際にはそれ以上に、その人なりの善意というものが多い。

たとえば、町内で野良猫にエサをやっている人がいて、それが町内会の議題に上がったとしよう。ある人は、エサをやると野良猫が集まり不衛生になるので禁じるべきだという。また別の人は、動物を見殺しにするのはよくないという。

どちらも、主張していることは正しい。片方だけが正しくて、片方だけが間違っているわけではない。ただやっかいなのは、それぞれ、主張している人は自分の主張こそが正しいと思い込んでいることだ。

こうしたデータがあるからエサをやるべきだとかやるべきではないとかいった根拠はない。根底にあるのは正義感だ。

野良猫はかなり卑近な例だが、もっと視野を広げれば、信仰の違いによる争いも、正義感と正義感の戦いだ。

どちらも、自分の信仰に照らし合わせれば自分が正しく、相手が間違っていると信じている。これは決して遠い世界の話ではなく、身の回りにもこうした、譲れない正義感同士の衝突はいくつもある。

ただ、このような対立を、会社員時代に経験した人はあまりいないのではないか。企業内のことは大半がデータとファクトで決められていくし、正義感めいたものは社風や企業理念のようなものである程度示されているし、野良猫にエサをやるべきかやるべきでないかといった、個人の思想信条を問われるような議論は起こりにくいからだ。

正義と正義が戦うことほど厄介なことはない。なので、そうした可能性のあるところへは、首を突っ込まないに限る。

定年となると、社会への恩返しを考える人もいるようだ。そのためにボランティアサークルに加入したり、NPOやNGOでの活動に参加したりする人もいるが、この場合にも正義感の衝突には十分な注意が必要。もしも自分の正義感で社会に貢献したいなら、

２０１８年夏に周防大島で行方不明になった2歳児を探し出した、捜索ボランティアの78歳男性のように、自主自立の道を歩むのがいい。

新しい仕事をするときも自分の素をよく見極めろ

定年後に新しい仕事をすることに私は賛成だ。収入が得られるし、やりがいもある。ただ、どんな人でもそれまでの仕事の経験をいかして次の仕事を見つけられるかというと、そうではないだろう。

たとえば、大きなシステムの一部を設計していたエンジニアや、大きな工場で大きな装置を使って何かを製造していたような人は、同じ環境で雇用再延長でもしてもらわない限り、同じ仕事はできないと言っていい。法務や経理のスペシャリストなどの方が、新たな環境での同じ仕事を手に入れやすいだろう。

それでも、人手不足の今は、それまでのキャリアとはまったく別の仕事を見つけられないわけではない。むしろ、健康でやる気があるのなら、そして、さほど金額にこだわらなければ、すぐに仕事は見つかるはずだ。

ただし、私は60歳を過ぎた人には接客業はすすめられない。

理由は2つある。

まず、何度か書いているように、60歳ともなるとそれまでの人生で、かなり価値観ができあがっている。誰でもそうだ。そしてそれは多少、いやかなり、偏っているかもしれない。その価値観をすべて捨て去ることはできない。

さらに、60歳くらいになると、会社員時代は抑えてきた素が出てくることもすでに書いた。

そうした状況下で、不特定多数の人と接さなくてはならない接客業をすることは、かなり辛い。理不尽なことを言われるようなこともある。

もしも社会経験が不足している若者なら「そんなものなのかな」と丸め込まれるような場面でも、できあがった価値観と隠せなくなった素のせいで、「そんなわけがあるか」と感じることが多いからだ。

まさに、正義感が顔を出すのである。

こうなると、いくら収入を得るためとはいえ、金より先にストレスが溜まってしまう。

なので、定年後に新たに始める仕事はよくよく選んだ方がいい。

絶対におすすめできないのは起業と農業

定年を機に起業を考えている人もいるかもしれないが、そうなのであれば、まず、この本ではなく別の本を読んだ方がいい。そして、私は定年後の起業にはあまり賛成できない。

起業してすぐに儲かる会社は少ない。事業を軌道に乗せるまでには、ある程度の時間がかかるし、その間は、寝食を忘れてその仕事に没頭しなくてはならない。起業とは、そういうものだ。体力が必要なのである。

だから、起業をするなら30歳代までが限界だ。そこを遥かに超えた人は、無理をするべきではない。

また、同様に農業もすすめられない。

趣味として庭に小さな家庭農園を作るという程度ならそれは止めないが、田舎に引っ込んで農業をやり、それで生計を立てるというような野心を抱いている場合は、再考を促したい。

農業は、体力も必要だが継続も必要な仕事だ。３日間休んで旅行に行くといったことができない。会社員時代よりも、休めなくなってしまうのだ。こうした不自由さを覚悟してでもしたいというなら止めないが、私としては絶対におすすめできない。

同窓会の幹事枠には滑り込め

町内会活動にはできるだけ距離をとることをおすすめする私だが、そこに枠があるなら何としてでも滑り込むべきポストもあると思っている。そのポストとは同窓会のポストだ。

定年を迎えると、同窓会が増える。忙しかった同級生が一斉に時間に余裕を持つようになるので、自然な現象と言えよう。盆暮れ正月に毎回、同窓会が開催されても何の不思議もない。

同窓会には、一出席者として参加することももちろんできるのだが、幹事としてプロデュース側に廻ることもできる。

そして、幹事は大変だけれども楽しく取り組めるはずだ。同窓会というのはひとつのプロジェクトであり、それを成功裏に収めるべく奮闘することは、仕事そのものだからだ。

ただし、同窓会の幹事は何十人も必要ない。数人で分担するのが一般的だろう。なので、なりたくてもなかなかなれるものではない。

だからこそ、早いうちに幹事に名乗りを上げておく必要がある。

できれば40歳代、遅くても50歳代のうちに幹事に立候補する。また、同窓会そのものがなければ企画し、実現させる。この時期は仕事も忙しく、同窓会どころではないと考えてしまいがちだが、定年後のことを考えると、あと10年ほどで終わる仕事よりも、そのあと何十年も続く人生の楽しみを優先させる方が理にかなっている。

もしもこの滑り込みに間に合わなければ、地方出身者なら、東京地区での同窓会を立ち上げるという方法もある。同窓会の幹事はやりがいの感じられる仕事なので、積極的に手を上げるべきだ。

若者にマウンティングしていいのは財布だけ

同窓会に欠点があるとすると、それは、同世代しか集まらないことだ。自分と同じように年を取った人しかその場にはいない。なので、話はついついつい思い出の繰り返しに終始しがちだ。それも悪くはないのだが、何か新しい刺激を得たいと考える人には物足りなさもあるはずだ。

若い頃は年上の人の体験談も面白く聞けたものだが、60歳を過ぎると自分自身の経験もいろいろと積まれているので、よほど珍しい体験談でないと、ワクワクできない。これは仕方のないことだ。

その点、30歳代よりも下の若者は、60歳代の知らないことをよく知っている。

平成生まれの彼らは大人が携帯電話を使っているのは当たり前の時代に育ち、インターネットや検索サイトがない環境を想像できず、ダイヤル式の電話やカセットテープに触ったことがなく、テレビのチャンネルを変えるのにリモコン以外を使ったことがない。蛇口と言えばひねるものでなく人感センサーで水が出るものだし、改札口と言えば無人が当たり前だと思っている。

そうした若者を前に「ものを知らない」と言うのは簡単だし「昔どうだったか教えてやろう」と考えるのは誰でもできることだ。

しかし、齢《よわい》60を超えた人間に必要なのは、若者に対して上から目線で講釈を垂れることではなく、今の彼らが何を面白がっているのか、彼らにとっては何が当たり前なのかを教えてもらうことだ。

これこそが、新しい刺激である。

たとえば、最近よく使っているスマホのアプリは何か、買ったものは何か、着ている服はどこで買ったのかなど、ただただ教えてもらうのである。「君を真似してみたいから」と伝えた上で尋ねれば、よほど場違いでない限り、決して嫌な顔はされないだろう。

こうした教えを請うのにふさわしいのは、やはり酒場だ。

最近の若者は酒を飲まないと言われるが、全員が全員、一滴も飲まないわけではない。

学生街の安い居酒屋では、今日も若者が飲んでいる。

なので、学生街、できれば自分の母校の近くに行きつけの安い飲み屋を持つといい。ときどきそこへ出かけて行って、若者の話を何となしに聞く。もしも話しかけられそうな雰囲気のグループが近くにいれば、ちょっと声をかけてみる。相手はひとりだと警戒するが、グループならそうでもない。彼らにいろいろと教えてもらえたら、御礼に一杯ずつご馳走するといいだろう。新しい刺激代と考えれば安いものだ。

私も学生時代、早慶戦で早稲田が勝つと、新宿の思い出横丁にある早稲田OBが集まる店で「自分は商学部の学生です」などと言いながら、よくご馳走してもらったものだ。学校が同じというだけで、先輩は後輩に優しいものなのだなと不思議に思ったものである。そこで私にご馳走してくれた人たちに、私の所属が早稲田ではなく中央の商学部であることを、積極的には開示しなかったのもいい思い出だ。

ともあれ、年配者が若者の上に立っていいのは、支払いのときだけである。知識や蘊《うん》蓄《ちく》でマウンティングすると嫌われるが、財布でのそれは嫌われるどころか歓迎される。

いつか、「あの席に座っているオジサンは、ときどき一杯おごってくれる」と彼らの間で評判になったらしめたものだ。こうしたところで仕入れた話題を同窓会で披露すれば、一目置かれることだろう。

若者は年配者に若さと〝ギャップ〟をくれる

たまに高校時代の同窓会に出席すると、これがみんな同い年かと愕然とする。同じ年に生まれたはずが、だいぶ年上に見えたり、だいぶ年下に見えたりするのだ。

あるとき、年下に見える同級生には共通点があることに気が付いた。日頃、若者に囲まれているのだ。学校の先生は、同い年の会社員より若い。高校の先生より中学の先生のほうが、中学の先生より小学校の先生の方が、若いのだ。

これはつまり、若い人と接していると、顔もおそらく考え方も若くなるということだろう。若くいたければ、若い人との接点を失わないことだとつくづく思う。最近は、うるさいからといって家の近くに保育園ができることに反対する人もいるようだが、とんでもないことだと思う。保育園児が日常的に近くにいるということは、それだけで若くいられるということで、遊ぶ声もいい刺激だ。

若者がくれるのは、若さだけではない。第1章で、70歳代の女性ＹｏｕＴｕｂｅｒ、80歳代の女性プログラマー、90歳代の女性自撮りカメラマンについて触れたが、彼女たちがそうした活動のヒントを、同世代との会話から見つけたとは考えにくい。リアルやネットで、若い人が楽しんでいるのを見つけて、じゃあ自分もと考えたのだろう。

これは大きなヒントだ。

70歳代なのにＹｏｕＴｕｂｅｒ、80歳代なのにプログラマー、90歳代なのに自撮りというギャップは、若者発のヒントで成り立っている。これが70歳代水墨画家、80歳代書家、90歳代歌人では、ここまでのインパクトを世の中に与えなかったはずだ。若者との会話はこうしたヒントに満ちているとまでは言わないが、ヒントをはらんでいることがある。

なお、これは学生相手だから成立する話であって、たとえば退職した会社の近くでその会社の若者を相手に、などということは考えない方がいい。ウザがられるのが関の山だ。

第４章を読んだらやってみよう

●近所の人に出会ったらこちらから挨拶しよう

●最後の同窓会がいつだったか確かめてみよう

●若い頃の思い出の街に出かけてみよう

●その街で若者が通う店を探してみよう

第5章　自分を拡張する10のツールを手に入れろ

買って楽になるものを買わない理由はない

この本を手にしている人の中に、洗濯機がない家庭で暮らしている人はいないと私は確信する。

洗濯機などなくても洗濯はできる。事実、洗濯機がこの世で販売されるまでは誰もが洗濯機なしで洗濯をしてきた。しかし今や、先ほどのように私が断言できるほどに、洗濯機は各家庭に普及している。

なぜなら、便利な存在だからだ。そんなものはなくても洗濯はできるのに不要だと主張する人は、今の日本にはいないはずだ。もしもいたら、周りからなぜ買わないのかと集中砲火を浴びるだろう。

前の章で書いたスマホも私にとっては洗濯機のような存在なのだが、この章ではもう少し、定年後の生活の必需品と言っていいツールを9個紹介する。絶対に必要と繰り返し書いてきているスマホを加えると、定年後の10のマストアイテムといったところだ。

必需品と言っても、生命維持のためにどうしても必要というものではない。しかし、私の考える健康で文化的な最低限度の生活を送るには、どれひとつとして欠かせない必需品である。

新しいものを買うと生き方が変わる

小学校入学時にはランドセルを買った。中学校入学時には制服を買った。社会人になるときにはスーツを買った。必要だから買うのだが、それを買ったことで、幼稚園や保育園で使っていたバッグは使わなくなるし、小学校で着ていた服は着なくなるし、大学生ファッションからは卒業する。新しいものを買うということは、自分を変えるということなのだ。

だからこそ、定年するなら新しいものを買うべきである。

ここで紹介するものの類似品は、すでに持っているかもしれないが、それでも、新調すべきである。新しいものは、それまでの人生に一区切りをつけてくれるからだ。

遠・中・近のカジュアルなメガネ

まず買うべきはメガネである。

年を取ると視力が悪くなる。老眼は加齢による遠視を指すが、もともと近視の人はそれが進むこともある。近視という自覚がなくても、いつの間にか視力が衰えている可能性がある。

そこで、定年を迎えるにあたっては、まずはメガネを新調したい。

かつては遠視用と近視用がポピュラーだったが、今はパソコン作業に適した中距離用もあるので、いっそのことすべて揃えたい。

遠近や中近兼用のものもあるが、私は単機能のものを3つ揃えることをすすめる。掛け替えるのが面倒というデメリットはあるが、それ以上に、掛け替える楽しさがあるからだ。

長くメガネライフを送ってきた人ならわかると思うが、メガネはそのフレームの形が顔の印象を大きく変える。

真面目に見られたければかしこまった、面白い人に見られたければ面白い、アーティストに見られたければジョン・レノンタイプのメガネをかければほぼ、間違いがない。なので、せっかくだったらいろいろなタイプのメガネをかけたい。

近距離用は読書用なら、文豪や敏腕編集者に見えるようなタイプのもの、中距離用がパソコン用なら、いまどきの若者が好むタイプ、あるいは一昔前の学生タイプ、遠視用は運転用だろうから、これは人から見られることを十分に意識して、好きな俳優が好きな映画でかけていたタイプを選ぶというのでもいい。

会社員時代のメガネ選びの基準が無難であることだった人ほど、フレームで遊んでみればいいと思う。もちろん、これまでメガネと無縁だった人も、自由に遊んでいい。

私が好きなのは「Ａｌａｉｎ Ｍｉｋｌｉ（アランミクリ）」というブランドのものだ。好みのデザインのものが多いので選びがいがあるし、他人と被る心配がない。

また、海外へ出かけたときにフレームを買うこともある。これもまた、他人と被る心配がない。海外旅行先では必ずメガネのフレームを買うというのも、なかなか悪くない思い出の作り方だと思う。

「ハズキルーペ」は定年後の可能性の次元を上げる

「ハズキルーペ」を知らない人はいないだろう。

石坂浩二、舘ひろし、渡辺謙に菊川怜が推す、あの、メガネタイプの拡大鏡だ。これがあるとないとでは、細かい作業のやりやすさがまるで違う。細かい作業をよりスムーズにやりたい人、自分には細かい作業は向いていないと思い込んできた人は、全員が買うべきツールだ。

「ハズキルーペ」は、以下のような楽しみをさらに楽しくする。

(1) プラモデル作成

子どもの頃にプラモデル作りに夢中になっていた人は少なくないだろう。そして、お小遣いとにらめっこをして、欲しかったものを手にできなかった人もいるはずだ。定年を迎えた今、そして、当時より経済力に恵まれた今、その頃の夢を叶えない理由はない。どんどん買って、どんどん積んで、どんどん作るべきだ。

子どもの頃、あまりプラモデル作りが得意でなかったという人も心配は要らない。まず、プラモデルそのものが進化している。接着剤不要で組み立てられるもの、細部にこだわりすぎさえしなければ、カラーリングが不要なものもある。かつてより完成させやすくなっているのだ。

ためしに、新橋にある「タミヤ」のショップへ行ってもらいたい。まず、なぜ新橋に店舗があるのかをよくよく考えてほしい。当然、そこにいるのはいい大人ばかりだ。品揃えも、実にいい大人向けである。

じっくり大作に挑戦するもよし、小さなものをたくさん作って並べるのもよし。どちらにも「ハズキルーペ」が大活躍するだろう。なお、ハズキルーペを製造販売するハズキカンパニー（旧社名・プリヴェＡＧ）は上場はしていない。もともとはタカラトミーグループに属していた。プラモデルとの相性は抜群なのである。

(2) 「メタリックナノパズル」

金属プレートをペーパークラフトのように組み立てる模型。

プラモデルほど大きくなく手のひらサイズがほとんどで、また、メタルなのでどこか高級感がある。したがって、本棚の本と本の間、食器棚のカップと皿の間にひっそりと忍ばせるなどしてもいいし、玄関やトイレのアクセントとしても重宝する。

オレが作りたいのはガンダムなのでプラモデルじゃないと、という人も焦らないでほしい。ガンダムもある。このほか、雷門やタージ・マハル、熊本城や東京駅などの建造物や、パイレーツ・オブ・カリビアンのブラックパール号、零戦やタイガーI型戦車といった乗り物、鎧などがラインナップされている。

組み立てに必要なのはラジオペンチとハサミ。ピンセットもあった方がよい。

製造・販売はテンヨーという、パズルや手品グッズの製造販売会社が手がけている。上場はしていない。テンヨーという名は、創業者の父でマジシャンの松旭斎天洋が由来となったもので、会社設立時の社名は天洋奇術研究所だった。

「ハズキルーペ」は模型製作以外にも、私の大好きなレゴづくりや、読書や刺繍などにも重宝するだろう。爪切り、魚の小骨取りにも便利だ。一家にひとつ、ひとりにひとつ、あるといい。

屋内のエンタメに双眼鏡

メガネの重要性についてはすでに書いたが、メガネは見なくてはならないものを見るために、目の機能を拡張するためのツールである。そして、ハズキルーペは小さくて見にくいけれど見たいものを見るためのツールだ。

見えにくいものは、小さなものだけではない。遠くにあるものもまた、見えにくい。そこで、双眼鏡である。観劇やミュージアムでの作品鑑賞に興味のある人はぜひ、手に入れてほしい。

演劇やミュージアムは、引きの視点で見ることが前提の芸術だ。全体を見て、全体を楽しむエンターテイメントでもある。

しかし、全体を見るだけではもったいないのも事実だ。素晴らしい舞踏の足先がどのように動き、ぴたりとした静止を生み出すのか、ダイナミックな絵画の筆致はどのようになっているのかなどは、近くに寄ればよく見えるはずで、だからといって本当に近くに寄っていくと、すぐさま警備員に取り押さえられることになるだろう。

だから双眼鏡なのだ。席にいながらにして、また、作品からほどよい距離をおいたまま、マクロな視点とミクロな視点の両方を手に入れられる。

双眼鏡は価格の振れ幅が大きな製品で、10万円近いものもあるが、安いものは2000円でおつりが来る。こうした製品を初心者が買おうとすると右往左往しがちだが、私のおすすめはニコンの「M6X15」だ。2~3万円あれば買える。

私はこの「M6X15」を、歌舞伎鑑賞の際には必ず持っていく。役者の表情をしっかりと見るためだ。同じようなことをしたい人にはもちろん、美術館や博物館で、展示物のディテールを見たい人にも強くおすすめする。

重さはたったの130グラムなので、散歩のお供にも最適だ。野鳥観察用など、アウトドア用途にはもっと高倍率の別のものもいいのかもしれない。そのあたりは、この「M6X15」を入り口として、遠慮無く〝沼〟へはまってほしい。

沼という表現がいつごろから使われているのかわからないが、これは非常に的確な表現だ。

ちょっとしたきっかけで最初のひとつを手にした人が、次から次へとよりハイスペックな、すなわち高額な製品に手を出し続けることを、沼に落ちるまたはハマるという。

この言葉は、一眼レフカメラのレンズ、自転車のパーツ、釣り具など、上を見れば切りがないジャンルに、その沼にハマっている人によって半ば自虐的に使われることが多い。

しかし、沼にハマることができるのは、実に喜ばしいことだと私は思う。

まず、沼にハマるには財力がいる。ハマれるのは経済的余裕があるということなので、誇らしく思っていい。いざというときはその機材の数々は、換金も可能である。という言い訳を、沼の住人たちは口にする。

カメラは基本、スマホでいい

一眼レフという言葉を出したので、ここでカメラについても言及しておきたい。

私は「カメラ沼」にはまっていたことがあるが、無事、そこから生還した。生還できた理由ははっきりしていて、それは、iPhoneのカメラが良くなりすぎたことだ。

ボタンを押せば撮れるというレベルで満足していてはいけない。凝ったライティングを用意したかのような写真も、周囲を適度にぼかした写真も、パノラマ写真も撮れる。各種フィルターも豊富であとから自在に加工できる。

アプリを追加すれば、笑顔をみつけてシャッターを切ったり（Ｃａｍｅｒａ＋２）、一瞬でメイクをほどこしたり（カメラ３６０）、長時間露光が簡単にできたり（ＰｒｏＣａｍ５）、食べ物をよりおいしそうに撮影できたり（Ｆｏｏｄｉｅ）、風景をミニチュアのように撮影できたり（Ｐｈｏｔｏｇｒａｐｈ＋）、ほとんどなんでもできる。

映画『シン・ゴジラ』の撮影にも使われた動画機能も素晴らしく、ゆっくりと開く花や建造物ができあがっていく様の撮影に適した高速撮影、ゴルフスイングする様子や長距離移動する車窓からの風景の撮影に適した低速撮影も、ｉＰｈｏｎｅだけでできる。

なので、カメラを買うのは、ｉＰｈｏｎｅではできない撮影をしたくなったらでいいと私は思っている。

たとえば、「ライカＱ」ではｉＰｈｏｎｅはもちろん、ほかのデジカメでは撮れないような写真が撮れる。〝ほかのデジカメでは撮れない〟とは、ほかにない機能を持っているという意味ではなく、ほかにはない味を出せるという意味だ。

また、動画なら追加で買うべきはカメラではなくジンバル、要するにスタビライザ（安定機材）だ。それも、ＤＪＩの「ＯＳＭＯ Ｍｏｂｉｌｅ ２（オスモモバイル２）」である。

一脚のような見た目をしているが、ｉＰｈｏｎｅをこれに据え付けることで、手ぶれのない動画が撮れる。動くものも自動で追尾撮影できる。

これを使うとまるでステディカムと呼ばれる高額なカメラを使って撮影したかのような滑らかな、ＮＨＫの『世界ふれあい街歩き』で使われてもおかしくないような撮影もできる。

撮った動画は、「ＯＳＭＯ Ｍｏｂｉｌｅ ２」のユーザーならだれでも使える「ＤＪＩ ＧＯ」というアプリを使うと、半自動で音楽までついて、まるで作品のような仕上がりになる。一度試すと、ｉＰｈｏｎｅだけでの撮影は物足りなく感じるだろう。

動画に関しては、ビデオカメラを買うよりも、スマホを拡張するという視点が今は必要だ。

温度・湿度計を居間と寝室に置く

私がわざわざここで指摘するまでもなく、２０１８年の夏は暑かった。あちこちで最高気温が40度を超え、昼のニュースでは連日、熱中症の予防を呼びかけていた。最高気温が35度を下回るとそれだけで「ああずいぶんと過ごしやすいな」と感じたのは私だけではないだろう。

人は実に敏感に、暑さ寒さを感じ取っている。

しかし、エアコンを使わなかったがために、年配者が室内で熱中症になるというニュースは後を絶たない。

その主な要因はエアコンを使いたがらないからと言われるが、暑さ寒さセンサーが加齢によって衰えていることも大いに影響しているはずだ。これは異常な暑さだと感じる閾値《いきち》が、若い人より高くなってしまっているのだろう。

だからこそ、これまでは体でなんとなく感じてきた温度、そして湿度を正確に把握するセンサーとして、温度・湿度計を導入することを強くすすめる。若い頃は自分の体で行っていた暑さ寒さ、湿気のジャッジを、モノの力を借りて行うのだ。しかも、2つ購入することをおすすめする。

ひとつは、家の中でも最も長い時間を過ごす場所に置く。大抵の場合、リビングということになるだろう。置いてみて、朝・昼・晩とチェックすると、たった1日の間でも温度も湿度もかなり変わることがわかり、案外と鈍感な自分にも気が付くだろう。気が付くと、対策をしようという気にもなる。部屋の温度、湿度に興味を持つようになり、それはおのずと健康へと結びつく。

健康になるために温度、湿度を測るのではなく、測っているうちに、健康的になっていくのはひところ流行ったレコーディングダイエットと同じである。

リビングが15畳以上ある場合は、リビング内に2カ所置くといいだろう。すると、室内の温度・湿度の分布がはっきりと目に見える。そして、室内の温度・湿度を平均的に整えたいのならサーキュレーターの購入を検討しよう。

寝室に置くと、これまた就寝時と起床時の環境の変化が可視化できる。寝室は、夏でも冬でも外が雨でも乾燥注意報が出ていても、一年中、安定した環境であることが望ましいが、それを目指すにしても、まずは現状の把握が必要だ。

温度・湿度計にはいろいろあるが、私のおすすめは「ＴｈｅｒｍｏＰｒｏデジタル湿度計温度計ＴＰ55」という商品名でアマゾンで売られている商品である。

価格は１５００円程度で、今現在の温度、湿度を表示するのはもちろん、過去24時間（設定によっては24時間に限らず過去を通じて）の最高と最低の記録も残すので、どれくらい変動があるのか一目でわかる。

湿度計はものによって精度が異なるがこれはなかなか優秀。優秀さを確かめるため、より高価な温度・湿度計を購入して比べたくなってしまうくらいだ。

ゲームは生活空間を拡張する

(1) 若い頃にゲームをやっていた。
(2) ゲームは子どものものであり、大人が夢中になるものではない。
(3) 今、ゲーム機が家にひとつもない。

この3つの条件のうち、どれかひとつでも当てはまるものがあるならば、せめて1台はゲーム機を買うべきである。

その理由は書ききれないほどあるのだが、代表的なものを3つだけ挙げておく。

まず、新しいテクノロジーに触れ続けることができる。

しばらくゲームから遠ざかっていた人は、最近のゲームのグラフィックスの美しさに息をのむはずだ。たとえば、昔『ゼルダの伝説』をプレイしていた人は、ぜひ、今のゼルダを体験すべきである。久しぶりに会った親戚の子どもに、知らぬ間に背を抜かされていたときのような衝撃を受けるだろう。

ゲームには最新のテクノロジーがつぎ込まれている。

VRとはバーチャルリアリティ、仮想現実のことであると知っている人と、知らない人とでは、前者の方が多いだろう。社会人経験者に限れば間違いがないと言っていい。そのVRと、ARこと拡張現実が、これからのイノベーションのキーワードであることを知っている人も過半数だと思う。

しかし、そのどちらをも体験したことのある人となると、とたんに少数派となるはずだ。言葉を知っているだけで実感していないのだ。年配者にはその傾向が特に見られる。だからこそ、どちらも体験するべきだ。

今、最も手軽に試せるVRは、「プレイステーションVR」である。ゲーム機本体である「プレイステーション4」と、VRヘッドセットを組み合わせることで、自宅に居ながらにしてVRを体験できる。

もちろん、家電量販店の店頭でも体験できるのだが、それでは本当に体験するだけになってしまうし、ゲーム機を購入する理由はこの未来感の体験だけではない。

家のテレビでプレイするタイプのゲームには、ゲームという言葉から連想される「戦う」「遊ぶ」とは違うところに主眼を置いたものが多い。そこにあるのは遊技場ではなく、世界である。そのゲームで遊ぶということは、単に勝ち負けを楽しむのではなく、リアルとは別の世界を体験するということだ。だから、元営業マンでも勇者になれるし、元経理マンでも魔法使いになれるし、運動音痴でもプロのアスリートになれる。なれなかったものになって振る舞う楽しさ、現実とは違う人格で暮らす空間を手に入れることは、人生を拡張することだ。

また、ゲーム機は今、オンライン化されている。ダンジョンを巡るゲームでも支配する地域を広げるゲームでも、囲碁でも将棋でもオセロでも、プレイ相手はゲームの先に簡単に見つけられる。

落語に『笠碁《かさご》』という話がある。非常に乱暴にあらすじを説明すると、毎日のように碁を打ち合う仲の二人の男が「待った」を理由に喧嘩別れするものの、やっぱり碁を打ちたくて雨の日に仲直りするという話だ。

ゲームはゲーム機そのものと対戦もできるように作られているが、たとえ見えなくても名前も顔も知らなくても、相手が人の方が張り合いを感じるという人もいるだろう。

もちろん、リアルの対戦ではないので、多少熟考をしても、また、勝ち逃げをしても、極端なことを言えば、勝敗をめぐっていさかいが起きても、別にどうってことはない。しがらみも何もない対戦相手なので、ご機嫌を取る必要はゼロ。ドライでいいので気が楽だ。

対戦ゲームはスマホでもできるが、圧倒的臨場感は、テレビに接続して使うタイプのゲーム機に劣る。

ハードディスクレコーダーはこれで決まり

以前、本棚についての本を執筆したことがある。そのときに、本棚とは自分の頭の外付けハードディスクであると書いた。本棚に並ぶ本は、いつでもアクセスできる、自分の体の外にあるナレッジというわけだ。

ハードディスクレコーダーも、本棚のように使うことができる。

ただし、本棚に並ぶのは大半が読み終えた本であり、一度は自分を通り過ぎた知識であるのに対して、ハードディスクレコーダーの中身の大半は、まだ見ていない番組だ。なので、これから自分の血肉となる可能性があの平べったい箱には詰まっているということになる。

ハードディスクレコーダーをまだ持っていないなら、すぐさま購入すべきである。

家電量販店の店頭には、いくつものメーカーの、何台ものハードディスクレコーダーが並んでいる。一見、違いがよくわからない。どれも同じに見えるかもしれない。しかし、買う機種はこれしかない。

それは、パナソニックの「ＤＩＧＡ ＤＭＲ－ＵＢＸ７０５０」だ。

この機種はまず、10チャンネルを同時に録画できるいわゆる全録に対応している。さらに、パナソニックの言う「おうちクラウド」に対応している。これは、このハードディスクレコーダーと接続したテレビのほか、パソコンやタブレット、スマホからでも、録画した映像を観ることができるということだ。しかも、外出先でもだ。

たとえば旅先でも移動中でも、Ｗｉ－Ｆｉ環境があれば自宅のこのＤＩＧＡに録り溜めた録画を見られる。便利である。

また、録画しながらの追っかけ再生にも対応しているので、ほぼリアルタイムでの視聴も可能。もう、「ｉＰｈｏｎｅではワンセグが見られないのでガラケーを使い続ける」という言い訳は通用しない。

全録対応、おうちクラウド対応のＤＩＧＡは３モデルほどあるが（２０１８年11月中旬にもう１モデル発表予定）、最もおすすめは、ハードディスクの容量が７テラバイトと最大のこのモデルである。全録はあっというまもなくハードディスクが埋まるので、容量は大きいに越したことがない。もちろん、外付けのハードディスクも用意するべきだ。

昔好きだったドラマの再放送などがあれば、外付けのハードディスクレコーダーに録り溜めておくことを強くおすすめする。

配信サービスでも昔のドラマを見られるケースは増えているが、配信の場合、今見られるものがいつまでも見られる保証はない。いつか消えてしまうかもしれない、その可能性は否定できない。

私の場合は録り溜めた『鬼平犯科帳』を、見るとはなしに再生することが多い。物語の内容はすべて頭に入っているのだが、あえてそれを見る楽しみは、同じ本を何度も読む、同じ映画を何度も見るタイプの人には理解してもらえるだろう。なじみの映像を見ることは、安心感と快感を生むのだ。

ハードディスクレコーダーを導入し、いつでもどこからでもテレビを視聴できる環境を整えると、テレビのために家に縛られる必要がなくなることを実感する。スマホさえ持って出かければ、オリンピックを病院の待合室で見ることも、選挙の開票速報をテレビのない行きつけの居酒屋で見ることも、いとも簡単にできるのだ。

スマホを重りにしないために

前の章でも書いたとおり、スマホは定年後の生活になくてはならないものだ。そのスマホにも、なくてはならないものがある。それはバッテリーだ。

もちろんスマホにはバッテリーが内蔵されているが、先ほど書いたように動画を再生したり、ルートログなどをとるためにGPSをオンにしたままにしておくとバッテリーがみるみる減っていく。これはガラケーの比ではない。

なので、スマホを買うときには必ず、モバイルバッテリーも買い求めるべきだ。出先で電池切れになったスマホはただの重りになってしまう。裏を返せば、バッテリーさえあれば、万一の場合の情報収集ツールとしても大いに役に立つ。

バッテリーを買うときのポイントは2つ。容量と充電の速度とコンパクトさだ。

おすすめは、Ａｎｋｅｒの「ＰｏｗｅｒＣｏｒｅ Ⅱ １００００」である。容量は１００００ミリアンペアアワー。スマホを2回フル充電してもまだ余る安心感だ。

充電の速度は、フル充電まで約4時間という仕様で、これはかなり優秀な部類。外出時にどれだけ使っても、寝ている間に充電しておけば十分にフルになる。

それでいて、重さはわずか195グラムと200グラムを切る。

すでにモバイルバッテリーは持っているという人もいるかもしれないが、この分野はまだまだ進化の過程にある。2、3年前のモバイルバッテリーは、ただ重く、ただ大きく、容量が少なくてとても使い物にはならない。

私は複数のモバイルバッテリーを持っていて、外出時には必ずひとつは鞄に入れる。普段は最も軽いもの、旅行時や地震が多発しているときなどは、最も容量の大きいものを選んでいる。

外出したくなる鞄を手に入れろ

近所への散歩にはスマホだけ持っていけばいいと思うが、少し遠出をするとなると、せっかくなので双眼鏡、ジンバル、そしてバッテリーを持っていきたい。となると、荷物は2キロほど重くなる。ほかにも、財布やらペットボトル飲料やら折りたたみ傘やらも入れたいだろうし、何かを買えばそれを持って帰ることにもなる。立ち寄ったのが書店なら、重い戦利品と共に帰宅することになるだろう。

なので、鞄選びも重要だ。私のおすすめは断然、リュックである。両手がフリーになるからだ。片手に鞄を持ってしまっては、傘を差しながらスマホで地図をチェックするといったことができない。ウエストポーチでは容量が心許ない。リュックしかないのだ。

では、どんなリュックがいいか。

ずばり無印良品の『肩の負担を軽くするPCポケット付リュック』がいい。

容量は25・7リットルと十分で、重さは460グラムと軽い。PCポケットがついているくらいなので、ノートPCを入れたくらいでは不安はない。そして、肩が疲れにくい。ロゴもなくシンプルなので、ユニセックスでエイジレスでもある。それでいて税込2990円。

欠点があるとすれば、この原稿を書いている段階ですでに品薄になっていることくらいだ。きっと新バージョンが発売されることと思うが、鞄の善し悪しは遠出の楽しさを大きく左右するので、いいものを見つけたら即断して購入したい。

第5章を読んで買ったら
チェックボックスに
✓を入れよう

□何はともあれスマホ

□これまでかけたことのないような
カジュアルなデザインのメガネ

□ハズキルーペ

□小さくて軽いニコンの双眼鏡

□スマホを拡張するジンバル

□手頃な価格の温度・湿度計

□テレビにつなぐタイプのゲーム機

□多チャンネル対応のハードディスクレコーダー

□容量と重さのバランスがいい
モバイルバッテリー

□外出したくなる鞄

第6章　計画は壮大かつほどほど綿密に立てよ

プランニングはエンタテインメント

通勤をしなくなるということは、しなくてはならないことがなくなるということだ。なので、これといって何もせず、ひねもすのたりのたりと過ごすこともできる。これはこれで楽しいものだ。

ただ、しなくてはならないことがなくなったのだから、何をしようかと考えること、その何かをどのようにすすめていくか、つまり、計画を立てることも楽しいことだ。

それは、自分の身の回りに限ったことではない。地図を眺めて、また、街を歩いて、自分が都市計画の責任者なら動線をどう整理するか、商店街をどう活性化するかを考えるのも、小説を読んで、もしも映画やドラマ化するならどの役に誰をキャスティングするのかを考えるのも、楽しいものだ。そうやって仮説を立てておくと、実際に再開発や実写化が起きたときに、答え合わせを楽しめるからだ。

これこそがプランニングの醍醐味だ。プランニングとは、その通りに遂行するための筋書きを作ることではなく、その先の未来を妄想したり、実行時のギャップを楽しんだりするためのお膳立てなのである。

自分自身に関する計画作りも、それくらいの加減がちょうどいい。

まず、計画は壮大に立てる。たとえば旅行なら、最初から世界一周を前提にする。あとはその世界一周を、どのように実現するかだ。

別にいっぺんに世界一周をする必要はない。何度かに分けていいし、手段もいろいろある。実際に世界一周しなくても、世界一周分の距離を移動するというのだって、広義には世界一周だ。

こうした計画は、頭の中でああでもないこうでもないと考えているだけではただの妄想だ。

もしもファーストクラスに乗って世界一周をするならばいくらくらいかかるのか、徒歩だったらどのようなルートが現実的なのかなど、極端な例をリサーチするのも面白いし、こうしたリサーチもプランニングの一環だ。そっちがそうくるならこっちはこうだといった具合に、自分ならどうしたいかがイメージしやすくなるのだ。飛行機の機材がわかるなら、「ＳｅａｔＧｕｒｕ（シートグルー）」というアプリを使って、どこのシートに座りたいかまで考える。

そして、そのイメージがある程度、具体的になったら、次はその実行のためのフェイズに入る。ここから先もさほど厳密になる必要はない。繰り返すが、これは仕事ではないのだから、必ず達成しなくてはいけないものではない。

いつかやり遂げたいプランを常に温めておけば、タイミングやチャンスが訪れたときに、ひょいっとそれに乗ることができる。そして、ギャップを楽しめる。

すぐに完成させるな

私が今20歳代なら、間違いなく盆栽を始めると思う。成長速度の遅いものを、それなりの時間をかけて見守るという行為は、なかなか楽しいものである。

もしも東京スカイツリーや新国立競技場のような巨大建造物が、一夜のうちに完成してしまったら、興ざめもいいところだと思う。少しずつ、時間をかけて完成に近づいていくから、ああもうこんな高さになったかとか、クレーンの数が減ってきたなとか、プロセスを眺める楽しさが生まれるのだ。

定年後の趣味には、時短などもってのほかである。効率化も必要ない。むしろゆっくり時間をかけて大作を作りあげるほうが長く楽しみを続けられるし、小さなものであっても、急がず、また、終わりを決めてしまわない方がいい。

終わりを決めてしまわないとはこういうことだ。

たとえば、本を読むという行為を考える。

最後のページまでたどり着いたら、それは読書の終わりだが、本の楽しみ方はそれで終わりではない。

書評を書くこともできるし、本棚のどこに置くか、どの本と関連づけてどの本の近くに置くかも、すぐに決めようとすれば決められるが、考えようとすればいくらでも考えられる。

本棚に入れずに古本屋に売るのだとしても、どこの古本屋なら高く買ってくれそうか、品揃えの傾向から考えるのも面白い。

本は、読み終えて終わりではないのだ。

また本には、一気に読まなくてはならない理由もない。資料としての本なら短時間で読む必要があるが、娯楽としての本なら、じっくり時間をかけて読んでもまったくかまわないし、薄めの古典などを1年間かけて読みあげるというのも悪くない。

とにかく、ゴールを急がないことだ。

庭作りなども、あせらず少しずつ手を入れて整えていくのがいい。

私は、いい飲食店には、一気にリフォームなどをするのではなく、少しずつ目立たないように古いものを新しくしていくという共通点があると思っているのだが、それは一見、無計画に気が付いたところに手を入れているようでいて、静かに長期計画を成し遂げようとしている姿が小気味いいし、賢いとも思うからだ。

定年後の趣味は人生そのもの。一話完結型のようでいて、果てしなく続く連続ドラマのように楽しむに限る。

旅行を長く長く楽しむ

プランニングの楽しさを堪能しようと思ったら、旅行の右に出るものはないだろう。どこへ行くか、何で行くか、何日間か、どんな服装で行くか、どんなアクティビティを楽しむか、何を食べるか、どんな宿に泊まるか、何を買って帰ってくるか、考えれば考えるほど、考えるべきことが出てくるからだ。

どこへ行くかについては、そのときに行きたいところへ行くというピンポイント、一話完結型の決め方もあるが、それを果てしなく続く連続ドラマの一部と捉えることもできる。

たとえばこういうことだ。

私は今、妻とあちこちで船に乗っている。日本から飛行機で海外へ行き、現地の港からクルーズ船に乗っているのだ。海外へ行くのは、目的のクルーズ船がそこから出港するからである。

一度のクルージングは長くても2週間程度で、それが終わると日本へ戻ってくる。それを繰り返して何をしているかというと、世界一周である。

先述したとおり、世界一周は、一度でしなくてはならないものではない。何度かに分けても誰の迷惑にもならない。私としても、100日間連続で家を空けて世界一周をとなると、いろいろと準備が大変だが、年に一回、今年はこの航路、来年はこの航路と続けて何年か後に達成するスローペースでの世界一周なら、さほど気負わずチャレンジできる。

なお、クルージングはその料金に船上での飲食費が含まれていることがあまり知られていない。ずっと同じ部屋に泊まり続けることになるので移動に伴う煩わしさがないのも気に入っている。

こうして考えると、世界一周以外のほかの旅行も、同じように楽しめるはずだ。

日本一周でもいいし、全都道府県制覇でもいいし、東海道を旅するのでもいいし、伊能忠敬の足跡をたどるのでもいい。ゴールするまで家に帰らないという縛りは捨てて、何度でも家から出かけ、家に戻ってくればいい。これが結果的に、旅を長く楽しむコツである。

また、港まで飛行機で行ってそこから船、目的地近くまで電車で行ってレンタカー、車で出かけていってローカル線に乗るなど、交通機関もひとつのものにとらわれるべきではない。好きなように組み合わせていい。電車とバスを組み合わせようとすると時間調整などに苦労することもあるが、それはそれで、プランニングとしては楽しいものだ。

旅は下道、寄り道が面白い

私が国内を旅するときは、訪れる地域を決めたら、次に、宿を決める。車で移動することが多いので、だいたい、３００㎞ごとに宿を取るイメージだ。宿はその地域で一番いい宿と決めている。そして宿と宿の間は、下道で移動すると決めている。決め事はそのくらいだ。

あとは、風の吹くまま気の向くまま。面白そうなものが見つかればそこに立ち寄る。気になるものが見つかれば、助手席の妻にスマホで調べてもらい、面白そうならやはりそこへ立ち寄る。どうせ３００㎞移動すればいいだけなので、のんびりしたものである。

先日、といっても何年か前、東北を旅したときもそうだった。自宅から東北エリアまでは高速を使ったが、その先は高速にこだわらなかった。

岩手の鉛温泉を目指していたとき、下シ沢という、一見、「くたしざわ」と読むとはわからない地域を通りかかると、「山の駅　昭和の学校」という表示が目についた。山の駅なのか、昭和の学校なのか、昭和の学校とは何を教えるのか。当然、立ち寄ることにした。

そこは確かに、昭和の学校であった。廃校になった学校をそのまま使っているようなのだが、そこには昭和レトログッズが、驚くべきグッドコンディションで、驚くほどコレクションされているのだ。私が編集者ならここの校長に連絡を取り、グッズの数々を紹介する本を作りたいと思うほど、素晴らしいコレクションだった。下道を行かなくては、ここに足を運ぶことはなかった。

ここまで書いて思いだしたが、もうひとつ、決めていることがあった。それは、宿には早めに着くことだ。

翌日に疲れを残さないためでもあるが、そうやって早めに宿に着けば、タブレット経由で自宅のハードディスクレコーダーの動画を見たり、持ってきた本を読んだりと、家にいるときのようなくつろぎ方ができる。

だからわざわざ、読みかけの本はすべて持っていって、鞄から出して並べる。これだけでただのホテルや旅館の部屋に、自分の色が加わる。パジャマもわざわざ持っていく。着慣れない衣類で寝るのはストレスだからだ。

旅先だからといって、いつもと違うことばかりしていては疲れてしまう。旅先でもリラックスして過ごすには、自宅でもできることをあえてやることだ。

オフシーズンを楽しむ

桜の美しい時期に桜の名所を訪れたいと思うのは人情だ。花火の季節にそれを見に行きたいと思うのも、秋になれば紅葉狩りをしたいと思うのも、冬になれば雪を見ながら露天風呂につかりたいと思うのも、実に自然な願望だ。

みんながみんな、同じような願望を抱く結果、どのようなことが起こるかというと、混雑である。桜を見に行ったはずが、花火を見に行ったはずが、紅葉を見に行ったはずが、雪を見に行ったはずが、人ばかりを見ていたというようなことになってしまうのだ。

なので、トップシーズンには観光地へは行かないことだ。少しずらして訪れるのが、人に疲れず旅をするコツだと私は思っている。

たとえば、桜の美しい場所は、新緑の季節もまた美しいと相場が決まっている。紅葉が美しい場所も同様だ。若い緑は見る者をさわやかな気分にさせてくれる。一方、人混みは疲れるだけだ。ごみごみしたところへわざわざ出かけて行くなんて、何しに旅に出たのかわからなくなってしまう。

花火が有名な観光地は、海や川や湖に恵まれているので、どの時期に行っても景色が悪いはずがない。温泉は、寒い時期もいいのだが、汗を流すのにも持ってこいだ。

というわけで、観光地には人の少ないオフシーズンを狙って出かけるのがいい。

そうやって、一度現地へ行っておくと、弘前《ひろさき》の桜や長岡の花火や京都の紅葉や銀山温泉の雪景色などをテレビなどで見た際に、ああ、あの季節はああだった場所が、こんな風になるのかという、これもまた答え合わせのような楽しみ方ができる。

祭りで知られる街もそうだ。ねぶた、竿燈《かんとう》、花笠、阿波踊り、よさこい、どんたくなど、街中を練り歩くような祭りをテレビで見るときには、その街のその道を歩いたことがあるかないかで、かなり印象が違う。その街を訪れている間も、ここを山車が通るなら、あの2階の窓から見るのが良さそうだななどという視点でも楽しめる。

オフシーズンの街を往くと、その街の舞台裏が見えてくる。

ペットを飼うのは慎重に

旅行の話をしてきたので、ここでペットについて触れておきたい。

うちにはトイプードルがいるのだが、夫婦で旅行をするときには、馴染みのペットホテルに預けていくことになる。だから問題がない、とは言えない。1週間も家を空けて帰ってきて、ホテルから引き取ると、明らかに機嫌が悪い。しばらくそれを直さない。直そうともしない。

ペットを飼うということは、こうした事態を引き起こすということだ。

なので、定年を機にペットを飼うのは、よくよく考えてからにした方がいい。子犬や子猫を飼い始めると、家に置いて出かけるのは可哀想だと感じ、出不精になってしまう可能性があるからだ。

確かにペットのいる生活は楽しいし、心もやすらぐのだが、それにほかの楽しみを奪われてしまうのは考え物だ。〝定年したらペット〟と決めつけない方がいい。

世界とつながる

もちろん、インターネットがこれだけ発達した世の中なのだから、家に居ながらにして世界とつながることはできる。せっかくつながるのだから、壮大なプロジェクトに人知れず参加するというのも、なかなか面白いものだ。

私は「Ｎｅｔａｔｍｏ ウェザーステーション」という風速風量計を通じて、世界とつながっている。

もともとは、熱海に買ったマンションに強い風が吹くので、自宅に居ながらにして風速・風力を知りたいと思って購入したのだが、付属のウェザーマップアプリを使うと、同じ風速風量計が設置されている世界中の場所の、現在の風速と風量がわかるのだ。

たったこれだけのことだが、広い世界には同好の士が少なくないことがわかり、興味深い。かつてアマチュア無線などをたしなんでいた人は、かなり楽しめるのではないか。

読書も寄り道して長く楽しむ

読書も長く楽しめる趣味である。前の章で、まだ読んだことのない長編小説を買っての読破について書いたが、これも、淡々と終わりを目指して読むのではなく、下道を行き、寄り道をするように読み進めるのがいい。

子どもの頃に、本を読んでいてわからない言葉が出てきたら辞書を引くようにと言われた人もいるかもしれない。英文を読むときなども、辞書片手という人は多いだろう。知らない言葉だらけだとまったく読み進められないが、日本で生まれ育った大人が日本語で書かれた文章を読むときに、知らない言葉ばかりに次々と立ちはだかられることはないはずだ。

なので、知らない言葉、どう読んだらいいか心許ない漢字が出てくることはあまりないので、そういったものに遭遇したらいちいち調べながら読んでもいい。手元に辞書を置いておく必要はない。スマホがあれば十分だ。

スマホなら、言葉だけでなく事象についても調べられる。だから、途中で気になることが出てきたら「後で調べよう」と後回しにして読み進めるのではなく、寄り道をする。舞台となっている街についても、その時代についても、あらゆる固有名詞について調べ、知識を得ることができる。

スマホで調べるとある程度のことがわかるが、不思議なことに、わかったらわかったで、もっと知りたくなることがある。ウィキペディアを読んでいて、つい、その項目の関連本を買いたくなってしまうのは仕方のないことだ。

そうしたら、まずウィキペディアのせいで買った本を読み、それを読み終えてから、もとの本に戻る。

すると、本を読み終わるまでに時間はかかるが、より複層的な、他の人とは違う自分だけの本の読み方ができる。

　本に登場する場所が気になったら出かけてみるのもいい。時代小説に登場する店が、今も営業しているケースはある。そうした店の暖簾をくぐり、内装を味わい、当然、食事も味わい、食後は周辺を散策してからだと、本の世界は立体的になる。

　そうして散々寄り道をしてから読み終えたら、もう一度、頭から読み直してみるといい。一回目とは違う読み方が、間違いなくできる。

本棚は過去、積ん読は未来

　定年後にカルチャーセンターなどで、何かを学ぼうとする人もいるかもしれないが、何でも独学派の私にとって、あらゆることの教師は本である。気になることがあれば本、知りたいことがあれば本、やりたいことがあれば本という具合に、本に教わることが多い（最近はＹｏｕＴｕｂｅもノウハウを知るために便利に使っている）。

　そして、気になること知りたいことやりたいことが多い私の自宅は、本だらけである。

読み終わった本だけでなく、これから読む本もうずたかく積んである。いわゆる積ん読状態だ。

こうした事態に陥ることを恐れ、手元の本を読み終わるまで新しく本を買わない人もいるようだが、それは多大なる機会損失を生んでいる。何の機会損失かと言えば、自分への期待の機会損失だ。

これから読む本というのは、これから自分の頭を通り過ぎる知識がパッケージ化されたものだ。その中身は、今の段階ではタイトルや著者や装丁や、書評などから推し量るしかないが、それでも、可能性の塊である。そうした未来の自分の一部を近くに置いておくことは、精神衛生上、非常によろしい。

その一方で、本棚は自分を通り過ぎた知識のパッケージが並ぶ場である。美食家のブリア・サヴァランは《どんなものを食べているか言ってみたまえ、君がどんな人間かを当てて見せよう》と言ったが、私なら「どんな本を読んでいるか言ってみたまえ」「本棚を見せてみたまえ」と、いつか機会があれば誰かに言ってみたい。それくらい、読書は人を作る。蔵書はその人の過去そのものだ。

だから、本棚を持つすべての人は積ん読もすべきなのである。家の中に、自分の過去ばかりがあるのはアンバランスだ。毎日のように、これからを感じさせるものも、目に入るようにしてインテリアのようにセットすべきである。このバランスが、ほどよい定年ライフに貢献する。

創作系のツールには可能性が見える

積み上げた新しい本と同じように、私に可能性を感じさせてくれるのは、手つかずの画材である。文房具店などでついついチェックしてしまう、１００色もある色鉛筆などがその筆頭だ。そうしたものを見ていると、この色鉛筆でどんな絵を描こうかという気持ちが膨らみ、積んである本のように、そこに未来の自分が見えるのだ。

画材ではなく、未開封のプラモデルパッケージや溜まりゆく「デアゴスティーニ」のパーツ、色とりどりの刺繍糸や何枚もの端切れなどにも、そうした可能性を見出せると思う。

今すぐには使わないけれど、いつか使ってみたいものを手元に置いておくことこそが、ゆとりであると私は思うのだ。

なので、すぐには使わないもののない、すぐに使うものやいつも使うものだけに囲まれての生活は考えられない。それは、音楽を一切聴かず、美しいものを一切見ず、おいしいと感じるものは食べずに必要最低限の栄養素がつまったサプリメントだけを摂取して生きる暮らしと同じで、何のために生きているのかわからない。生きている意味が感じられない。

そして、プラモデルや絵画や刺繍、裁縫などは、初心者にも優しい。仮に60歳から始めても、まったくお手上げということがない。上手い下手は別として、小さな作品なら誰だって仕上げられる。

書道もそうだ。まさか、この本を読んでいる人の中に、字が書けない人はいないと思う。毛筆を持ったことがないという人もいないだろう。であれば、今から書道を〝再開〟してもいい。楷書などは上手い下手が如実にわかるが、最近流行の前衛的な書道なら、気楽なものだ。

その点、音楽は難しい。大人のためのピアノ教室が話題になった時期もあったが、昔やっていた人ならともかく、年齢がいってから音楽の素養を身につけるのにはかなりの努力が必要だ。「猫踏んじゃった」くらいなら弾けるようになるかもしれないが、大人になってからピアノを弾きたいと考える人は、それでは満足しないだろう。

その点、創作系はハードルが低いし、いいテキストもたくさんある。そこには可能性しかない。

絵画は一気に仕上げない

可能性をたとえば絵画に見出したなら、タブレットを使って小さなサイズの絵を描いているうちに、大作に挑みたくもなるだろう。そうなったら、そのときが試しどきだ。

ただ、大きなサイズとなると、タブレットをなぞってというわけにはいかない。そこで、風景画のようなものではなく、コンテンポラリーアートに挑戦するのだ。

実在するコンテンポラリーアートを真似てもいいし、小さなモチーフを描き続けるのでもいい。

大判の、そこそこ厚手の紙を買い、それを廊下など頻繁に通るところの壁に貼る。その前に、100色の色鉛筆などのセットを置く。これで、アトリエの完成だ。あとはそこを通るたびにちょこちょこと書き加えていく。

例えばあまりよくないが、商店街を通りかかり、そこに手ごろなシャッターを見つけ、スプレーで悪戯描きをして、さっと立ち去り、また通りかかったらさっと描く、それを繰り返すイメージだ。

快適な居間などに貼ってはいけない。つい、それに長時間を費やしたくなるからだ。

大きな絵は、ゆっくり描くに限る。

日記をつけることが続かない人も、絵なら続くかもしれない。3日サボっても、絵なら問題はないし、続かなかったりうまくいかなかったりしても、剥がして捨てればいいだけだ。難しく考えることなど、何ひとつない。

第６章を読んだらやってみよう

●30年後にどんな旅を完成させたいか
考えてみよう

●行ってみたい場所、見てみたいイベントを
３つ書き出してみよう

「 」
「 」
「 」

●これから読んでみたい本のジャンルを
３つ書き出してみよう

「 」
「 」
「 」

●自分だけの作品作りの第一歩を歩み出そう

あとがきにかえて　～終活はしない～

定年生活は、いつになるかはわからないけれど、いつかは必ず終わる。人には寿命があるからだ。

その日に向けてさまざまな準備をすることを、最近は〝終活〟と呼ぶそうだ。なんでもかんでも活活で、実に結構なことだと思うが、私は終活はしない。

なぜなら、死んだ後のことを考えることに意味を見出せないからだ。

葬式も、正直にいえばしてほしくない。もしも私がその様子を見ることができるのなら、ＢＧＭや祭壇やなんやかやに注文をつけるかもしれないが、それは不可能だからだ。ただ、こうしたセレモニーは残された人のものだと思うので、家族がしたいと考えるのであれば、それを止めるつもりはない。

墓もどうでもいい。

海に撒かれても木の根元に撒かれても、風に乗って海外へ行ってもいい。心底、どうでもいいので、どうでもよさが振り切れて、金目のものになりたいとまで思う。調べたら、あるのである。遺骨からダイヤモンドを作る業者がいるのだ。私に終活があるならば、そこのサイトを読むことくらいだろう。

もちろん、自分の死後が心配な人は、遺言書を書いたり、墓を買ったり、準備をすればいいと思う。

これは、定年後の過ごし方とまったく同じである。

やりたいことをやり、やりたくないことはやらなくていい。

これまで私が書いてきた定年後とは、まったく違うことをするのも、何もしないのも、自由である。定年後とはそれくらい、フリーダムなものなのだ。

俺たちの定年後

著者 成毛 眞

2018年11月25日 初版発行

成毛 眞（なるけ まこと）
1955年北海道生まれ。中央大学商学部卒業後、株式会社アスキーなどを経て、86年マイクロソフト株式会社（現・日本マイクロソフト株式会社）入社。91年、同社代表取締役社長に就任。2000年に退社後、投資コンサルティング会社「インスパイア」を設立。元スルガ銀行社外取締役。現在は、書評サイト「HONZ」代表も務める。近著に、『インプットした情報を「お金」に変える 黄金のアウトプット術』（ポプラ新書）、『AI時代の子育て戦略』（SB新書）、『amazon 世界最先端の戦略がわかる』（ダイヤモンド社）などがある。

カバーの写真で持っているのは、以下の商品です。
レゴ®テクニック Volvo L350F ホイールローダー 42030

※なお、このモデルは販売を終了しております。

発行者 横内正昭
編集人 内田克弥
発行所 株式会社ワニブックス
〒150-8482
東京都渋谷区恵比寿4-4-9えびす大黒ビル
電話 03-5449-2711（代表）
03-5449-2734（編集部）

編集協力 片瀬京子
カバーデザイン 小口翔平＋喜來詩織（tobufune）
ブックデザイン 橘田浩志（アティック）
写真 矢野寿明
校正 玄冬書林
編集 内田克弥（ワニブックス）

印刷所 凸版印刷株式会社
DTP 株式会社 三協美術
製本所 ナショナル製本

ISBN 978-4-8470-6615-3
ワニブックスHP http://www.wani.co.jp/
WANI BOOKOUT http://www.wanibookout.com/
JASRAC 許諾 1811164-801